SHODENSHA
SHINSHO

共感バカ

池田清彦

祥伝社新書

はじめに

「共感」バカが増えすぎた現代

「隣人を大切にしなさい」

「他人の気持ちを想像しましょう」

「相手が言われて嫌なことは言うべきではない」


どれもまったくの正論だ。

自分の目だけで世界を見るのではなく、自分とは違う誰かの目を通して世界を見ること。他者の痛みや苦しみに寄り添い、分かち合おうとすること。

そんなふうに「共感」をうまく働かせることによって、私たちホモ・サピエンスは他の生物よりも優位な立場を手にし、食物連鎖の頂点に立ち、歴史を発展させてきた。

共感力はないよりはあったほうがいい。

それは間違いない事実だが、だからといって共感＝絶対的な善ではない。

むしろ、共感が過剰だったり、逆に不足していたり、あるいは極端に偏《かたよ》った共感に人々が振り回されているせいで、現代社会のあちこちにほころびができているように私には感じられる。

ひと言でまとめると、共感を適切に扱えない「共感バカ」が増えているのだ。

本書ではそんな「共感バカ」の事例をさまざまな角度から紹介しながら、共感が人間心理と社会にもたらしている影響について語っていく。

そもそも共感とは何か

共感は本能に極めて近い位置にある感情だ。

ミジンコやカブトムシに共感する能力はない。だが、群れをつくって生きる哺乳類の脳には共感する能力が備わっている。もっと正確に言うならば、他者に共感する力が発達したからこそ、社会的な群れが形成できるようになったのだ。人類もまた共感能力により文化が進展し、社会がここまで発展してきたのである。

ところが昨今はSNSの発達とコロナ禍という2つの大きな出来事によって、日本社会に「共感バカ」が急増してしまった。もちろんそのおかげで社会にも多大なメリットがもたらされたが、それと同じくらいの弊害も撒《ま》き散らされている。

本書では、人類進化の原動力となる一方、人類史にさまざまな災厄をもたらしてきた共感の副作用とそこからの脱却について考えていきたい。

池田清彦

目次——共感バカ

パトリオティズムとナショナリズム／「日本すごい」は「日本すごくない」／「人為的温暖化説」を信じてしまう理由／副作用がない薬はない／不幸の責任者をバッシングする／ポピュリズムの危険性を知る／国が守ってくれなくなる未来が来る／酷い同調圧力の主役は常に善良な市民／異文化理解の弱点／理解も共感もいらない、異質な他者を認めよう

構成　阿部花恵、結井ゆき江
本文DTP　アルファヴィル・デザイン
JASRAC 出2406711-401

第1章

現代社会に蔓延る共感バカ

過激なバッシングが生まれる理由

そもそも「共感（empathy）」とは、人間と人間のつながりを表す概念である。他者の感情や考えを理解し、相手の立場になって心を寄せる。共同体の中で生きていくためには、程度の差こそあれ共感能力は必須スキルだ。

だが、インターネットの網目の中で首まで浸《つ》かる毎日を過ごすなかで、この共感の取り扱いが極端に下手な人が急増している。

インターネットの誕生とSNSの普及によって、他者とのつながりの範囲は爆発的に拡大した。かつては家族や友人にしか話さなかったような日常のささいな出来事も、インターネットの世界に放流すれば全世界に公開・拡散され、うっかりバズれば何百万人もの目にさらされることもある。

だが、つながりの範囲が手に負えないほど拡大したことで、他者とつながる線はそれに反比例して細く弱くなった。文字だけのやり取りしかない匿名《とくめい》の相手に、人間はそこまで思いやりを発揮できない。

想像力を働かせようにも相手のことをよく知らないのだから、共感も当然生まれづらい。だから簡単に相手を貶《けな》せるし、わかりあえないまま関係を即座に切ることに躊躇《ちゅうちょ》がない。

初期のTwitter時代は牧歌的とも言えたXが殺伐とした荒野《こうや》と化してしまったのは、イーロン・マスクの買収によって改悪が続いたせいだけではない。

顔が見えない状態のまま意思疎通するテキスト・コミュニケーションの世界は、人間に本来備わっている共感能力を剝《は》ぎ取ってしまう作用があるのだ。

フルリモートで勤務する人であれば、テキストだけで１日の仕事のやり取りが完結する人も珍しくない。

だが、相手の目を見て話す機会が失われることは、言葉になる前の感情を表情や仕草から読み取る能力も衰えていると自覚したほうがいいだろう。

「わかる」も過剰になりやすい

一方で、ＳＮＳの空間においては、局所的に共感が過剰になりやすい傾向も見られる。いわゆる「エコーチェンバー現象」だ。

エコーチェンバー現象とは、自分と似た意見や思想を持つ人をフォローすることで、「やはり自分の意見が正しいのだ」と強化される現象のことだ。

自分と同じ意見や感想、趣味、思想に「いいね」と関心を示すと、同じような意見がどんどん目に飛び込んでくる。「わかるわかる」「やっぱりそうだよね」とたやすく共感できる状態は、誰にとっても安心できて心地よいはずだ。そうなると、今度は自分と少しでも意見が違う相手を排除しようとする〝欲望〟も生まれていく。

その結果、自分の意見こそが本当の出来事を反映しており、正解なのだと信じ込む人が増えた。言ってしまえば、閉じた小部屋の中に自分の発した音だけが反響している状態だ。

さらに、2020年以降に巻き起こった新型コロナウイルス感染症の世界的流行がその流れを後押しした。コロナ禍では外出が制限され、リモートワークが推進されたことで、日常生活に占めるオンラインの割合が激増した。

こうした環境の変化によって、人々は各々の狭い小部屋に閉じこもりやすくなった。共感するのは気が合う人だけで、意見が異なる相手はディスるか無視すればいい。コロナ禍がこの流れを加速させたことは間違いないが、遅かれ早かれこうなることは避けられなかっただろう。

顔が見えない相手だからディスることに抵抗感がないし、共感も生まれづらい。他方で、自分と近い相手とは「わかるわかる」と共感しやすいから視野が狭まる。私たち現代人は、こうしたいびつで極端な共感スタンスを持ちやすい環境に置かれているのだ。

ガザの虐殺よりも大谷翔平の近況

こうなると近い属性の人同士では共感の強度がどんどん上がるのに対し、それ以外の他者への想像や共感の度合いはどんどん落ちていく。

「障害がある人や性的マイノリティのことなんか自分の知ったことではない」と悪びれずに発言できてしまう。そんな空気が今の日本社会には浸透しつつある。そこまで開き直らなくても、「へえ、大変なんですか。そうですか」と状況の認識のみにとどまり、心は動かない人も多いだろう。

パレスチナ自治区ガザで起きているイスラエル軍による大量虐殺（ジェノサイド）もそうだ。国際社会からはガザ地区で暮らす人々の安全を守るようにとの声が上がっているが、政治的・外交的な要因が複雑に絡《から》み合った結果、解決への道のりはいまだ遠い状態にある。

そして各所で虐殺反対の声は上がっているが、日本の大手マスコミはガザ地区の惨状をほとんど報道していない。

もしも、ガザ地区の小学校に爆弾が落とされる映像が夕方のニュースで少しでも報道されれば、それを見た多くの人は「なんてひどいことが起きているんだ」と理解するだろう。

能登半島《のとはんとう》地震の被災地の様子も同じだ。いまだ不便な生活を強《し》いられる被災者のつらい状況を知れば、「ひどい」「なんとかならないのか」という感情が自然に湧《わ》いてくるはずだ。これは相手の立場になって感情や思考を理解する、「認知的共感」と呼ばれるものである。

だが、日本のマスコミは報道内容を勝手に自主規制し、深刻な出来事は放置して耳に心地よいニュースばかりを報道する傾向が、他国に比べて明らかに強い。

自民党の裏金問題が有耶無耶《うやむや》になっているのは、事態は何一つ解決していないのにマスコミがろくに報道しなくなったせいだ。テレビをつければ、大谷翔平《おおたにしようへい》の打球が何キロだの、結婚相手は誰だの、何億円の家を買ったといった国民の生活とは関係のないニュースばかりが連日取り上げられている。

政治スキャンダルをないものにすることで、マスコミが大衆の怒りを有耶無耶にしているのは明らかだ。

つまり、報道を規制することで、大衆に認知的共感を抱かせないようにさせているわけだ。今、日本の政権とマスコミがしているのはありていにいえばそういうことだ。

体制側が情報を操作して、大衆の共感を操《あやつ》っている。

これが今の日本人が置かれている危《あや》うい現状だ。

心と身体を逃がそうとする本能

では、マスコミがきちんと機能すれば、日本人は目覚めてガザの悲劇も止められるのだろうか。

他者の感情を理解する気持ちは「認知的共感」だと述べた。困っている人、悲嘆《ひたん》に暮れている人を理解し、相手を助けるために具体的な行動を起こす。それこそが政治の本質だ。

一方で、悲惨な状況を見て、自分の悲しみのように感じる気持ちは「情動的共感」と呼ばれるものだ。身内や友人の悲惨な現実を目の当《ま》たりにすると、多くの人間は悲しみを「自分ごと」にして深く感じ入る。それが情動的共感である。

しかし、悲惨な現実を直視して受け止め続けることは、心にストレスをかけることでもある。日常生活に余裕がないとき、人間は目に入りかけた悲劇を視界から締め出そうとする。ただでさえ追い詰められているのに、心にまた新たな負担がかかってしまうからだ。自分の心を守るために、情報をシャットアウトして共感を回避する。それもまた本能の働きだ。

今の日本では、マスコミの報道が偏っていることも事実だが、視聴者側も無意識のうちに心に負荷がかからないようなニュースを選択している。そのほうが気楽だからだ。

では、物理的・文化的距離の遠さに関係なく、たとえば道を歩いていたときに誰かが倒れていたらどうだろうか？　たいていの人は倒れている人を助けようと思って反射的に駆け寄るだろう。

だが、誰かを助けるには労力が必要だ。警察や救急車を呼ばなければならないし、その対応に時間も取られる。たまたま暇なタイミングであれば利他の精神を喜んで発揮するかもしれないが、後期高齢者ですら働かなければ生きていけないこのご時世、暇な人はどんどん減っている。

精神的にまったく余裕がない人であれば、目の前で誰かが倒れても通り過ぎてしまうかもしれない。

残念ながら今の日本では、そう振る舞う人のほうが多いかもしれない。ガザ地区のニュースから無意識的に目を逸《そ》らすように、見ないことにすれば共感だって生じようがないからだ。

「非共感思想」が広がった先の社会は

そんなふうに「非共感思想」とも言うべき姿勢に共感する人が続々と増え、皆が心も身体も楽なほうへと逃げていくと、これからの社会はどうなっていくのだろう。

答えは簡単だ。弱者がたやすく切り捨てられる、殺伐《さつばつ》とした社会だ。いや、すでに、そうした非共感思想社会が到来している。

弱者や悲劇から目を逸らすということは、すなわち弱者や被害者を見捨てることと同義だ。弱い者、不運な者、少数派は見捨てても構わない。そういう空気がどんどん醸成《じょうせい》されていくだろう。

余裕がない人は弱者を視界の端《はし》でうっすらと捉《とら》えながらも、決して救いの手を差し伸べようとはしないだろう。むしろ、「自分だっていつあっち側にいくかわからないのでなるべく考えたくない」と利己的で刹那《せつな》主義的な方向へ全力疾走していくはずだ。

規範や矜持《きょうじ》を持たず、弱者とマイノリティから目を逸らして生きる。そういう人間が多数派になるということは、大げさではなく、国としては危機的な状況になるということだ。

弱者を叩くのはそのすぐ上にいる弱者である

じつは、弱者を叩こうとするのは余裕のある強者ではない。弱者のすぐ上の階層にいる人たちだ。

アメリカのある調査によると、労働者の最低賃金引き上げを求める動きに対して反対する人たちの共通項を調べたところ、意外にも「最低賃金より少し上の収入の人たち」が少なくなかった。普通に考えれば賃金引き上げに反対しそうなのは、人件費の増加によって経営が圧迫されると憂慮《ゆうりよ》する中小企業の経営者あたりだろう。

だが、最低賃金ラインより少しだけ収入が上の層の労働者にとっては、「最低賃金が引き上げられたら、自分も最下層と同じになってしまう」という恐怖があるようなのだ。

自分が最下層になるのが嫌だから、最下層の人を引き上げるのを拒絶する。そういう人たちほど、恐怖に突き動かされて積極的に最下層の人々をバッシングする傾向がある。

拒絶し、否定し、貶《おとし》める。そうしなければ自分の心の安定が保てないからだ。冷静に考えれば最低賃金が引き上げられて下の層が押し上げられると、自分たちの賃金も上がる可能性が高いはずなのだが、おそらく正論や理屈とは異なる部分で「なんか嫌だ」と怯《おび》えてしまうのだろう。

アメリカですらこうなのだから、日本の労働者も例外ではない。

とりわけ、日本人は集団の和を乱すことを嫌がるため、お上《かみ》には歯向かわず、自分より下の層に厳しい目を向ける傾向が昔からある。

日本人の場合、富裕層のスキャンダルが出れば大喜びして引きずり下ろそうというパトス（情念）も確かに存在する。しかし、それ以上に自分より下の階層の人間を叩いて、同じ高さまで上がってこないようにすることに情熱を注いでいる日本人は多い。まさに、「出る杭《くい》は打たれる」を地で行く精神だ。

「主人公に共感できないからつまらない」

小説や漫画、映画の感想レビューを見ていると、「主人公に共感できなかったのでつまらなかった」という感想がちらほらと目に入ってくる。

フィクションの世界における人物の考え方や行動に共感できないことが、なぜその作品の価値に直結するのだろう？　世の中の小説、映画、ドラマには登場人物の誰ひとりに共感できなくても面白いもの、よく理解できないがなぜだか心惹《ひ》かれるものが溢《あふ》れているはずだ。

自分という小さな物差しだけを当てはめて「共感できないから面白くない」と言い切ってしまう。思春期ならまだしも、大人がそれではさすがに幼稚すぎないだろうか。自分の共感軸を絶対視するあまり、価値観が凝《こ》り固まっているように思える。

だが、自分の共感した相手とだけエコーチェンバー現象によって盛り上がり、正しいのは自分のほうだと疑いなく信じ込めるSNSの世界に慣れ親しんでいれば、そう考えるようになるのも無理はないのかもしれない。

少なくとも、その人の中ではたとえ絵空事《えそらごと》の世界であっても「こいつには共感できない」と感じた時点で、物語世界の他の要素を味わう感性のシャッターがピシャッと下りてしまうのだろう。

同調は群れで生きるものの習性である

共感を求めること、共感に安心感を得ることは、ごく自然な人間の習性である。「群れ」で平和に生きていこうと思ったら、仲間と「同じ」でいるほうが何かと安全で都合がいいからだ。

アリの行列は最初のアリが1匹動き出したら、みんなでゾロゾロとあとに続く。後続のアリに、思考や判断はない。ただ、前を行くアリのフェロモンの匂いをたどって本能で同じ方向へ進んでいるだけだ。

羊も同じだ。羊は他の草食動物と比べてもとりわけ臆病な性質を持っているため、一頭が動き出すと他の羊もすかさずそれに続く。群れから離脱することは危険が増すことであり、群れ全体で動くことが最も生存率を高めることを本能的に知っているからだ。

じつは、人間もアリや羊と大差ない。どれだけ文明が進歩しようとも、社会という群れの中でしか人間は生きられない。自らの身を守るために、自《おの》ずと周囲に同調していくのが群れを生きるものの習性だ。

マジョリティのほうが〝お得〟

群れに同調するマジョリティ（多数派）のほうに得が多いことは、多くの人が無意識的に察知しているだろう。

たとえば、あるテーマに対しての賛成派と反対派の割合を調査したとき、その割合が50対50だった場合と53対47だった場合では、以降の展開に明らかな差が生じてくるのだ。

少し時間を置いて再び賛成・反対を調査すると、50対50の調査のほうはあまり数字が変わらなかった。ところが、53対47の調査は、57対43、60対40と、計測するほどにどんどん賛成派と反対派の差が開いていったのだ。

これは「マジョリティについたほうが得をしそう」と察知した人々が意見を変えた

結果である。俗に言う「勝ち馬に乗りたい」というやつだ。

選挙の世論調査でも中間発表的にその時点での候補者の支持率が公表されるが、「1位はやっぱり現職か」という空気がひとたび流れると、その流れに引っ張られるようにさっとマジョリティ側に回る人は多い。

確固たる信念がない人は、たやすくマジョリティに共感してみせる。勝ち目が低いマイノリティ側に踏みとどまれる人はごくわずかだろう。

政治も経済もほとんどが多数決で物事が進むため、マジョリティの考えたことが採用される。反対に、いつまでもマイノリティ側でいると実利がない。危機を根底から変えようと思うのであれば、リスクを取ってでもマイノリティ側から勝負を挑《いど》むしか道はないのだが。

SNSが共感のパターンを変えた

ところで、昔の共感コミュニティは、パトリオティズム（愛国心）、つまり郷土単位で固まるのが必然だった。生まれ育ったムラや都道府県、国が、所属するコミュニティのベースだったからである。

だが、ＳＮＳの普及によって事情は変わった。住んでいるところがどこであろうとも、意見や趣味、属性ごとに同意する人々の共感コミュニティがＳＮＳ経由で多数誕生したのである。

これまでは地域的に限定されていた共感コミュニティは、地域横断的なものへと明らかに重心が移行した。

この変化の最もポジティブな影響を受けたのは、「ＬＧＢＴＱ」といわれるLesbian《レズビアン》（女性同性愛者）、Gay《ゲイ》（男性同性愛者）、Bisexual《バイセクシャル》（両性愛者）、Transgender《トランスジェンダー》（心と体の性が異なる人）、Queer《クイアー》／Questioning《クエスショニング》（性的指向・性自認が定まらない人）などの性的マイノリティの人々ではないだろうか。

１９６９年にニューヨークのゲイバーで警察の取り締まりに市民が抗議した「ストーンウォールの反乱」をはじめ、それまでも性的マイノリティの権利を求める動きは局地的にはあった。だが、世界的にその動きが加速したのは１９９０年代から２０００年代にかけてであり、インターネットの普及とほぼ完璧に重なっている。

人口の少ない山奥の村で、自分が同性愛者であることを自覚できても仲間を見つけるのは困難だ。けれどインターネットというつながる道具が誕生したことによって、仲間が可視化され、母数が増えた。ＳＮＳが共感のパターンを変えたのだ。

さまざまな調査結果を見てみると、ＬＧＢＴＱなどの性的マイノリティは全体の2〜10パーセント存在していると考えられる。数字にばらつきがあるのは、差別や偏見が残る社会の中で正直に答えられない人もいるからだろう。

仮に全体の5パーセントとすると、１００人いれば5人、20人いれば１人はＬＧＢＴＱという割合になる。クラスに１人はいるだろうし、学校全体で見れば必ず性的マイノリティは存在している。ただ、「いない」ように見えていただけなのだ。

だが同類が連帯しやすくなったことで、権利運動も活発化した。今では日本を含めた世界各国でＬＧＢＴＱの差別に反対するプライドパレードが、毎年開催されているのがその証明だろう。

数は力になる。

検索窓にキーワードをひとつ打ち込めば、自分と同じ性的指向を持つ同類がたやすく見つかるようになったことは、当事者にとって救いになったはずだ。
同類を探し出し、より大きな集団をつくろうとする。これは社会的な生き物であることから逃れられない人間の性《さが》だろう。

ＬＧＢＴＱと共感

性的指向とは、その人がどの性別の人に恋愛感情や性的魅力を感じるかを意味する言葉だ。割合で見れば異性に惹かれる異性愛者（ヘテロセクシャル）が多数を占めるが、レズビアンやゲイのように同性に魅力を感じる人もいれば、両方に惹かれるバイセクシュアル、もしくは他人に性的な魅力を感じない無性愛（アセクシャル）の人もいる。

性的指向に関しては間違いなくヘテロセクシャルが多数派だが、だからこそマイノリティ側は同類と会えたときの喜びが増幅する。ヘテロセクシャル同士が互いの性的指向を知っても、「あなたも異性が好きなんですか？　私もです！」とは絶対にならないだろう。この社会のさまざまなルールや法制度はすでにヘテロセクシャルを前提に設定されているからだ。

けれどもマイノリティ側はSNSが普及しても普段の生活で偶然会える確率がそこまで高くないので、期せずして会えたときは深く狭く共感しやすい。差別される側のマイノリティが連帯するのは、共感の視点から見て必然の流れなのだ。

過去に同性愛はキリスト教の影響で禁止されていた国が多かったが（今でもイスラム教が強い国では違法の所が多い）、今は先進国の多くで同性婚や性的マイノリティが法的に認められるようになってきている。

レイヤーが複雑なジェンダー問題は共感するのが難しい

同性が好きか、異性が好きか、どちらも好きか、どちらにも惹かれないか。

こうした性的指向の話は恋愛に限定されている領域のため、わかりやすいし共感が得やすいのが強みである。誰を好きかはその人自身の問題であって、他人には別段関係ないからだ。

一方で、トランスジェンダー、性自認の話になると「マイノリティ同士で共感できるね」というように簡単には済まない。問題のレイヤーが幾重《いくえ》にも重なっているため、捉え方が難しいのだ。

トランスジェンダーは、身体の性別と自分が感じる性（性自認）が一致していない人のことを指す。「身体は男性だが自分は女性として生きたい」と感じている人はＭｔＦ（Male to Female）、「身体は女性だが男性として生きたい」人がＦｔＭ（Female to Male）だが、その不一致をどういった手段で埋めたいのかが個々人で異なっているのが難しさの原因だ。

たとえば、女性の身体を持って生まれ、男性として社会的に生きたいＦｔＭにもさまざまなレイヤーがある。

Ａさんは、乳房を切除して戸籍上の性別も男性に変えたいと望んでいる。

Ｂさんは、乳房を切除して子宮卵巣も摘出し、さらに男性の外性器をつくる形成手術も受けて戸籍上の性別も変更したいと希望している。

Ｃさんは、今のままの身体で、ただ戸籍だけを変えて自認する性になりたい。

このようにさまざまなグラデーションがあるため、ＦｔＭ同士であっても個別に共感するのがなかなか難しい。

紛糾したパリ五輪でのジェンダー問題

ジェンダーの複雑さ、性別の境界線の曖昧《あいまい》さが激しい議論の的《まと》になっているのがスポーツの世界だ。

２０２４年の夏に開催されたパリ五輪では、女子ボクシングの試合に出場したアルジェリアの選手が、試合開始46秒で対戦相手の棄権によって勝利した。直後に対戦相手が、「これほど強いパンチは受けたことがなかった」と語ったこと、圧倒的な力の差、そして前年の世界選手権では性別検査で不合格となっていたことから、「アルジェリアの選手はＸＹ染色体を持つ男なのに女子ボクシングに出場している」とのデマがまたたく間に広がり、批判の声が上がったのだ。

アルジェリアの選手はトランスジェンダーではなく、本人も「自分は女性である」と証言しているが、性別を巡る出場の是非については曖昧なままオリンピックは閉幕となったため、この問題は今後もどこかで再燃するだろう。

ただし、生物学的に見れば性別はそもそもきっぱりと二分されるわけではない。一般的には女がXX、男がXYの染色体を持っているが、XXYやXOなど典型的なものとは異なるパターンの染色体を持って生まれてくる人もいる。あるいは、染色体はXYだがアンドロゲン（男性ホルモン）受容体が欠如しているため、外見が女性的もしくは男性とも女性とも言えない形で発達する人もいる。

それに伴《ともな》い、精巣や卵巣が典型的な形で発達しなかったり、外見上の性器もどっちつかずのまま成長する「インターセックス」の人々は、いつの時代も一定数存在してきた。

本人は望んでその身体で生まれたわけではないし、思春期になって自分が典型的な男性でも女性でもないと気づくケースも多い。だが、男、女ときっぱりと線が引かれる社会では見た目で判断されることが多いため、どうしてもトラブルが起きやすい。

トランスジェンダーとインターセックスはまったく異なるものだが、それぞれに幾通りものパターンがあるうえ、極めてプライベートな領域でもあるために他人から見るとどうしてもわかりづらい。レイヤーが複雑すぎて「わからないから共感もできない」と断絶が生まれてしまうのだ。

スポーツに関して言えば、競技の公平性を守るためにいずれはどこかで線を引かなければならないだろうが、すべての人が納得できる完璧な境界線は永遠に見つけられないだろう。どこかで妥協して落としどころを見つけるしかない。

トランスジェンダーとトイレ問題

トランスジェンダーを巡って最近よく話題になっているのが、女性トイレと公共浴場の問題だ。男性の身体を持つトランスジェンダー女性が女性トイレを使用することで、女性の安全が脅《おびや》かされるのではとの声が上がっている。

トランスジェンダーの権利やプライバシーは当然守られるべきだが、だからといって女性の不安を無視していいことにはならない。欧米のようにオールジェンダー・トイレの設置を推進するか、多機能トイレを増やすのが妥当な線だと考えるが、スペース的にどの施設でもそれができるわけではないだろう。これもスポーツと同じで微妙なバランスをはらんだ複雑な問題である。

個人的に、便宜上は「肉体の性別に該当するトイレ」に入るほうが摩擦《まさつ》は起きづらいと考えている。公共の場である以上、見た目の性が優先される場面もあることはどうしても仕方がないだろう。

共感と理解は無理やり飲み込ませるものではない

トランスジェンダーやインターセックスのような問題は確かに複雑だ。だが、「わからないから共感できない」「共感できないから理解できない」と切り捨てるのも短絡的だろう。

共感と理解は、無理に相手に飲み込ませるものではない。事情が複雑でわからないのであれば、まずは「そういう人もいるのだな」という事実を受け止める。

理解できなくとも、認知的共感を態度として示すことができればスタート地点としては十分だ。その上で、皆が納得できる落としどころを探し続けていく姿勢が肝心である。

成熟した社会とはそういうものだろう。「私の気持ちに共感しろ」と誰かに命令することはできないし、仮にそうしても残るのは自己満足だけだ。

ポリコレはルールに固執する

ポリティカル・コレクトネス（政治的正しさ）、いわゆる〝ポリコレ〟の根本にも共感が根を張っている。元来、ポリコレは人種や性別、宗教、障害などの差別や偏見を増大させないために生まれた表現や行動のことを指す。

共感は感情なので、万人に強制することはできない。それならば、代わりにルールをつくろうと考える人が出てくる。しかし、ルールには、押し付けている側の共感の強制が潜《ひそ》んでいることも多い。ポリコレがルールに固執するのはそのためだ。

社会生活においてルールは大切だし必要不可欠である。人を殺さないこともルールだし、交通規則を守ることもルールだ。

だが、すべてのルールを絶対視すべきではない。時代が変われればそれに合わせて法制度も改正する必要があることは歴史が証明している。ルールを不変のものとして遵守《じゅんしゅ》していたら、黒人はいつまでも経っても黒人専用の席に座らされ、白人に席を譲ることを強いられていただろう。

学校の規則のように、慣習的に残っているが無意味で有害なルールも山程ある。昨今では〝ブラック校則〟などとも揶揄《やゆ》されるが、前髪の長さがどうだとか、制服の着こなしがどうだとか、そういう些末《さまつ》なことは本来、学校生活においてどうでもいいはずだ。

単に「ルールで決められているから」という言い訳があったほうが、運用する側がやりやすいだけの話だろう。このあたりの心理は、じつに建前主義の日本人らしい。

日本人は真っ向から相手を批判することが苦手だが、「ルールだから守ってください」というセリフは口にしやすい。何かをバッシングするときに必ず見かける「人様に迷惑をかけるな」「ルールだから従え」は、どちらも自分を主語にしなくていいから言いやすいのだ。

ルールを振りかざすことで、相手を非難する大義名分《たいぎめいぶん》を得ているのだろう。

要するに、ポリコレは社会の多様性を尊重するために生まれた重要な概念ではあるのだが、自分の考え方に共感しない相手を攻撃するための〝ポリコレ棒〟として使っている人が多いのも残念ながら事実である。

知的レベルの階層が違うと皮肉は通じない

学校の校則に関して言えば、進学校ほど校則が緩《ゆる》い傾向にあるのは事実だ。厳しい校則で縛らなくとも、自律的に行動できる学生が多いからだろう。

会社も同様で、小さな会社であってもコミュニティの知的レベルが一定水準以上であれば、細かくルールをつくらずともうまく回っていくことが多い。

この対極にあるのが、玉石混淆《ぎょくせきこんこう》のSNSの世界だ。

Xでは年がら年中、不毛な議論や炎上が起きているが、あれは知的レベルの階層がまったく異なる人間がSNS空間でごちゃまぜになっているからだ。

知的レベルが違うと、まず会話の中で皮肉や反語表現が通じなくなる。賢くない人は言葉を額面通りに受け取りすぎるか、もしくは偏ったフィルターに通して歪曲《わいきょく》してしまう。

単に異なる意見を述べているだけなのに、自分が共感できない意見は感情的に排除して「失礼」だと応じてくる人がいる。論理が理解できない、知的レベルが低い人は、頭の中が情緒と感情だけに支配されてしまうのだ。知的階層の違いがある限り、何をどうポストしても争いの種が生まれることは避けられない。

ＳＮＳは共感の対象範囲をかつてなく拡大してくれたツールだが、コミュニケーションを突き詰めようと思ったら相応の不自由もある。文字だけのやり取りだと対面で話しているときのような微妙なニュアンスが伝わらないため、深い対話が成立しづらい。

バカほど必死にマウントを取りたがる

ＳＮＳでの議論を見ていると、「マウントを取りたい」「自分が勝って終わらせたい」という強烈な欲望が目につく。イタチの最後っ屁みたいな愚にもつかないことを言ってマウントを取り、「勝った！」「あいつは逃げた」とアピールせずにはいられないのだろう。

長年SNSを続けているが驚くべきことに、「バカって言ったな。バカって言うやつが一番バカ」という小学生レベルのセリフを吐いてドヤ顔をしている人をしょっちゅう見かけるが、そのような人たちはほぼバカで、聡明な人はまずいない。

誰かを無理やり見下して自分が上に立った気分になるのは、「本当の自分は自信のない劣等感だらけの人間です」と世間に公表しているようなものだ。そういう人は対人関係の距離感をうまくつかめないので、誰かを一方的に罵《ののし》ることばかりが得意になって、他者と優しさや共感でつながることが概して下手である。

共感は人類に普遍的な特性であるが、放っておけば誰の心の中でも勝手にその力がぐんぐん育っていくわけではない。つながりやすさがSNSのメリットだが、必要な場面では共感のスイッチをオフにすることも必要だろう。

凡人はルールを遵守し、賢人は穴を突く

ルールに関する残酷な真実をもうひとつ。

凡人は、自分にとって気に食わないことが起きたとき、相手を叩く大義名分としてルールを持ち出す。「ルールを守れ」「迷惑をかけるな」「自己責任だ」と言いたがるルール至上主義に早変わりするのだ。

これに対して、賢い人はルールの穴を見つけ出し、手段を選ばずにそこを突いてくる。「ルールにはそう書かれていないのだから、この手もありだろう」とルールを逆手に取ってのし上がってくるのだ。コンプライアンスの重要さを謳《うた》いながらも、その隙間をギリギリ狙ってくるスタートアップ企業は多いが、経営者には得てしてそういうタイプが多いものである。凡人が従順にしている間に、格差がどんどん広がっているのが今の日本だ。

２０２４年5月、水俣病《みなまたびょう》の犠牲者を追悼する式のあとで、水俣病患者や被害者らの団体と伊藤信太郎《いとうしんたろう》環境相が懇談《こんだん》する場が設けられた。このとき、被害者団体の男性が亡き妻のことを話していた最中にもかかわらず、故意にマイクの音を切られた報道をご記憶だろうか。マイクを切ったのは環境省の職員であり、彼の言い分は「質問時間が1団体3分間と割り当てられていたから」だ。

この非人道的な運用が問題だと報道されたとき、驚くべきことに「でもそのルールを守らなかったほうが悪いだろう」という意見がSNSでは散見《さんけん》された。

「1人3分と決まっていたのなら、悪いのはそのルールを守れない人だろう」

国の不作為の責任で苦しみ亡くなった被害者の遺族に、「ルールを守れないほうも悪い」と正論を装った暴力を押し付ける傲慢《ごうまん》さたるや、なかなか絶望的である。そもそもルールを決めたのは環境省であって被害者団体ではない。

政治家がいくら不祥事を起こしても追及しないが、弱者やマイノリティにはルール厳守を掲《かか》げて責め立てる不均衡を、当人たちは自然なことだと思っているのだろう。

そこには悲しみへの共感もなければ、文脈を汲《く》み取る能力もない。コンプライアンスを厳守せよと無邪気に説き、同じように考える人同士で「やっぱりみんなそう思うよね。他の人はルールを守ってたんだから」と頷《うなず》き合っては満足している。マジョリティの愚かさがよくわかる事例だ。

陰謀論の本質も共感である

陰謀論に踊らされる人々も、共感から読み解いていくと興味深い。

陰謀論の世界にはさまざまなバリエーションがあるが、どれも共通しているのはコミュニティの狭さ、そして論の単純明快さだ。

現実は複雑な要因が絡まり合っているが、陰謀論の世界は非常にシンプルな二元論がまかり通っている。「全知全能の神とサタンが戦っている」くらいの荒唐無稽《こうとうむけい》でわかりやすいストーリーを用意しておけば、大衆を騙《だま》すのは簡単だと思っているからだろう。アドルフ・ヒトラーも自著『わが闘争』に「小さい嘘より大きな嘘のほうが大衆を騙しやすい」と記している。

そもそも陰謀論の世界にハマるのは、劣等感の塊《かたまり》のような人たちが圧倒的に多い。周囲に馴染《なじ》めず、疎外感を抱えて生きてきた人たちが、一発逆転できるかもしれないとすがりつく唯一のカードが陰謀論なのだ。

陰謀論にハマっている人のプロフィールを見ると、皆口を揃えて「真実に気づいた」と書いている。その裏にあるのは「自分は真実に気づいたが、愚かなあなたたちは気づいていない」という優越感の連帯だ。客観的なデータなど持っていなくても、「真実を知っている」ことを信じて仲間と共感する。狭く閉じたコミュニティの内部では、共感がダイレクトに反響する。

新興宗教の現場で起きていたことが、今はＳＮＳで展開されている。インフルエンサーと教祖、やっていることはどちらも同じだ。

その構図を商業主義と結びつかせたのがマルチ商法、いわゆるネットワークビジネスだ。上層部にとって世界の真実も教義もすべて飯《めし》の種だが、末端層は共感で連帯して善意からその輪を広げようとしている。

『完全教祖マニュアル』（架神恭介《かがみきようすけ》・辰巳一世《たつみいつせい》、筑摩書房）には、新興宗教は壮大なことを語れる教祖と実務を担うナンバー2、最低限、この2人がいれば成り立つと書かれていたが、その通りだろう。

マイノリティな宗教ほど厳格になる

少し脇道に逸れるが、キリスト教の戒律や教義は時代を追うほどにどんどん緩やかになってきている。どんな宗教でも始まったばかりの段階では新興宗教だ。小さな組織だからこそ、集団内の共感の度合いも強くなくてはならない。そうでなければ存続できないからだ。だからこそ、初期キリスト教も厳格な戒律でつながり、異教徒は敵とみなして中世には十字軍の戦いを引き起こした。

だが16世紀の宗教改革によってカトリックからプロテスタントが分離すると、戒律や教義の幅が広がり、解釈も多様化していく。同性婚に対する見解も、かつては反対一色だったが、２０２３年12月にはカトリック教会が、「教会で司祭が同性のカップルを祝福することはできる」という見解を表明している（ＮＨＫニュース）。組織として大きくなるほどに、受け入れ要件も緩やかになるのは必然の傾向なのかもしれない。

マイノリティ集団では「狭く強い共感」を必要とするが、マジョリティ集団ではルールをマイルドにして「より多くの共感」を得なければならない。

組織の大きさと必要とする共感の種類を適切に見極められた集団が、長く生き残っていけるのである。

ところで、厳しい戒律と言えばイスラム教が有名だが、２１００年頃にはイスラム教の信者数がキリスト教を超えて世界最大の宗教になると予測されている。

イスラム教の伝統的な教義では同性婚もＬＧＢＴＱも認められていないが、このまま信者が急増していけばいずれはキリスト教が変容したように、教義の幅を広げてどちらも受け入れていくことになるかもしれない。

インフルエンサーは共感の権化

さて、ＳＮＳの世界に話を戻そう。ほぼ無宗教の日本人にとって、人気インフルエンサーはもはや教祖のようなものだ。インフルエンサーが共感をどう使っているかも知っておいたほうがいい。

インフルエンサーの肝《きも》は言うまでもなく、フォロワー数の多さだ。言説にどれだけ大衆の共感を集められるか、それが可視化されるかに勝負がかかっている。

インフルエンサーは大きく2つのタイプに分けられる。

ひとつは、マジョリティの言説に便乗して後押しするタイプだ。政権の悪口はあまり言わず、できることなら政権から補助金なり何なりを引き出して儲《もう》けようとする。

現政権が「新型コロナウイルスのワクチンを打て」といえば、「ワクチンを打たないやつは頭が弱い。社会悪」と反ワクチン派を口汚く罵って、はやし立てる人気起業家などはこのタイプだろう。既得権益《きとくけんえき》を肯定して大衆の共感を集める振る舞いは、はたから見ると非常にわかりやすい。

もうひとつはこの真逆で、アンチ権力を突き詰めてインフルエンサーになるタイプだ。主流派とは真逆の論陣を張って、メインストリームに対抗する。これはこれで、もちろんいつの時代もニーズがあるし、アンチ権力がまったく存在しない社会はむしろ危うい。

このように、ベクトルは正反対であっても大衆の共感を引き出すことで、インフルエンサーは自らの立ち位置を確保しているのだ。

ドブ板選挙はなぜ最強なのか

共感を引き出すエモーショナルな語りが好まれるのは政治家も同じだ。

選挙で一番強いのは「弔《とむら》い合戦」だ。政策も実績も二の次で、ひたすらに情に訴え、共感を引き出す。よほどのことがない限り、弔い合戦は有利だ。

逆に、初出馬＝未経験の候補者であっても「がんばっている」「なんとなく爽やかな印象だ」と思わせれば勝ち目はある。初出馬の候補者が政策を訴えても説得力はない。ドブ板選挙の鍵を握るのは、いかにして有権者の共感を引き出すかだ。

社会運動も環境問題も同じだ。数値や統計データよりも、共感できるストーリーを見せたほうがいい。専門家でもない一般人は、情動に訴えかけられて心が動いたあとで、数値やデータを咀嚼《そしやく》しようという気持ちになるのが常だ。

他者に行動変容を促《うなが》そうと思ったら、コミュニケーションのどこかで相手から共感を引き出さなければならない。

天才とサイコパスは共感のパトスが薄い

一方で、圧倒的な才能を持つ天才タイプの中には、共感のパトスがあまり見られない人もいる。

スポーツや将棋、音楽などのトップに君臨する天才といわれる人たちなどはその典型ではないだろうか。彼らのようにひとつのことに情熱を捧げ、創意工夫を凝《こ》らしてストイックに頂《いただき》を目指すタイプの人間は、そもそも共感にエネルギーを割《さ》く必要性がさほどない。

もちろん、共感や良心、倫理観は持っているだろうが、目指す先が未踏の荒野である以上、他者と感情を分かち合っているような暇はない。本人としても誰に強いられてそうしているわけではなく、自分自身がその道を極めること、新しい歴史を生み出すことに至上の喜びを感じているのだろう。

極限の勝負で新しい扉が開かれるたびに、トップ選手の脳内ではドーパミンが分泌されて快感が得られているはずだ。トッププロとなり、天賦《てんぷ》の才が真っ当な分野で花開けば、自身も世間も全方位に喜ばしい結果となるだろう。

ところで、世の中には同じように共感のパトスがないものの、真っ当ではない分野に喜びを見出して情熱を注いでしまう人々もいる。それがサイコパスと呼ばれる人々だ。

サイコパスは反社会性パーソナリティ障害の一種であるが、自己中心的で他者への共感や倫理観が欠如しているのが特徴だ。

他人の感情への共感が根本的に欠けているため、サイコパスは誰かを傷つけても罪悪感を抱かない。自分が快を覚えるパターンを知ってしまうと、その行為がどんなに反社会的であろうとも躊躇なくやり遂げてしまえる残酷さがある。

概念としての喜怒哀楽《きどあいらく》はおそらく理解できても、そこに共感することはできないのがサイコパスだ。もしかしたら共感の基盤となっている脳のミラーニューロンが何らかの不調で機能していないのかもしれない。だから共感に対する情動がない。

それでも、自分の関心を突き詰めた先が世間的に歓迎されるものであれば偉業として評価されるかもしれないが、反社会的行為に情熱が向かってしまう人もいるだろう。そうなると当人にとっても社会にとっても不幸である。

ちなみに、ギャンブル依存症、アルコール依存症、セックス依存症も、行動や依存性物質が脳の報酬系を過剰に刺激し、ドーパミンを分泌させることで快を追求してしまう病気だ。

意思決定やコントロールを司《つかさど》る前頭前野《ぜんとうぜんや》の機能自体が低下するため回復には時間がかかるが、治療過程においては自助グループが重要な役割を果たしてくれる。自助グループとは同じ問題を抱える仲間が集まって体験談を共有する場だ。

「自分だけじゃない」とつらさを分かち合い、共感することはこのような病気の治療の場面でも有効なのである。

資本主義では共感能力のない人が成功しやすい

ところで、その特性から犯罪予備軍のようにいわれがちなサイコパスだが、じつは成功者や富裕層にはサイコパスと同様に共感能力が薄い人が多いという報告もある。なぜなら資本主義の参加条件である金を稼ぐ行為には、基本的に共感能力はまったく必要とされないからだ。

合法的に効率よくお金を稼ごうと思ったら、やはり投資だ。株式や不動産の投資に必要なのは市場を分析する冷静な判断力であり、誰かを思いやる気持ちや優しさは一切必要ない。

その点、共感能力に欠ける人は恐怖や不安を感じにくいため、必要とあらば大胆にリスクを取りに行くこともできる。これはもう才能や適性と言っていいだろう。投資以外にも、共感能力の低さを逆に強みに変えられる職業は他にもありそうだ。

資本主義社会では共感能力の低さは強みにもなりうる。そもそもビジネス自体、合理的な判断が必要とされる世界なのだから、共感に引っ張られていてはマイナスを招《まね》いてしまうだろう。

だが、人を相手に交渉をする以上、情動的な働きかけをしないと相手の心は動かせない。自分の職業のどの領域に、どの程度の共感が必要かを適切に判断できる人が企業人として最も成功する可能性が高い。

大きな共感は社会を動かす

一人ひとりの共感は個人的なものであっても、集合体となれば社会を動かす大きな力にもなる。一番わかりやすい例は法改正だろう。

2020年、韓国で未成年を含む多くの女性が性的暴行や猟奇的な暴力を受けている動画や画像が、チャットアプリで高額売買される「N番部屋事件」が発覚した。

あまりに悪質かつ凄惨《せいさん》な組織犯罪が白日《はくじつ》のもとにさらされると、韓国市民は怒りをあらわにし、国民請願やデモなどの行動に出た結果、デジタル性犯罪の法改正が行なわれた。卑劣な犯罪行為への怒りと被害者への同情が巻き起こり、市民が共感して行動したからこそ起こせた変化だろう。

日本でも２００６年に飲酒運転の車に一家５人が乗っていた車が追突されて海中に転落。父母が必死に助けようとしたが、４歳、３歳、１歳のきょうだい３人が溺れて死亡する悲惨な事故があった。一度に３人の子どもを失うという悲劇は大々的に報道され、翌年には道路交通法が改正されて飲酒運転の罰則が強化されている。ただ問題は、情動的共感に端を発する法改正は極端になり易く、日本の道路交通法の飲酒運転の罰則規定は諸外国の規定を鑑みれば必要以上に厳しすぎる。

このように情動的な共感は、新しい動きを推《お》し進めるための強力なエンジンになることは確かだが、メリットばかりではないということだ。理想を言えば悲劇が起きる前に手を打たなければならない事柄も、世の中にはたくさんあるが、立法は立法府の恣意的な判断がからむので、必要な法律がすぐに作れるとは限らないし、情動的共感をてこに、利権がらみの法律が成立することも多い。

そうは言っても、長いスパンで人類史を見れば、人も社会も抽象的な論理だけではなかなか動かず、情動を揺さぶられる具体的な悲劇が起きて初めて大きなうねりが生まれ、変革へとつながっていくことは確かだ。人類の歴史はこの繰り返しと言ってもいいだろう。理不尽な暴力と死。被害者にとっては悲劇以外の何物でもないが、皮肉にもそれが社会を動かし続けている。

「選択的夫婦別姓法案」も「LGBT理解増進法（LGBT法）」も、過去の自民党政権は強硬に反対してきたが、問題を取り巻く状況は変化しつつある。LGBT法については2023年の6月に成立したが、夫婦別姓も近未来には当然のこととみなされるようになるだろう。

このように、共感は個人だけでなく、組織や社会を一変させる力を持っている。このパワフルなエネルギーは、論理や正論には備わっていないものだ。もちろん、だからこその危うさもある。

第2章では「共感」の起源にさかのぼり、人類はなぜ共感を獲得し、どのように共に歩んできたのかをたどっていこう。

第2章

共感と人類

人類はなぜ「共感」を獲得したのか

「他者の感情を理解し、心を寄せる」という共感の感情は、人類の進化の過程で発展してきた能力である。共感は本能的側面を持つ感情の一種であるが、すべての生き物に備わっているわけではない。

では、なぜ進化の過程において、私たち人類には共感能力が備わったのか。

それは人類が群れとして行動することで生存率を上げ、進化を遂げてきた生物だからである。

火と道具と共感、3つの武器によって人類は生き延びた

個体としての人間は、他の生物と比べると、そこまで強くない。

山で熊と人間が互いに身ひとつで出会ったら、間違いなく熊が圧勝するだろう。サバンナでライオンと出会っても同じだ。巨体や鋭利な牙、大きな爪のような武器を肉体に備えていない人間は、素手では極めて弱い。

だからこそ人類は群れをつくってまとまることで弱さを補《おぎな》い、外敵からの攻撃に

備えて生存率を少しでも上げようと工夫してきた。

今から約30万年前、現生人類であるホモ・サピエンスがアフリカに誕生した頃、アフリカにはライオンが生息していた。肉食動物であるライオンにとって、ホモ・サピエンスは〝獲物〟の一種にすぎなかったのだろう。

だが、３つの武器を得たことで人類は捕食者を凌駕した。

個としての弱さを補うために、ホモ・サピエンスは集団で助け合い、さらには道具や火を使いこなせるようになっていた。群れといっても数家族がまとまって、数十人程度でひとつの群れを成していただろうと推測される。

群れの規模は50人から１００人くらいと考えられている。狩猟採集社会では、このような規模の集団を「バンド（小集団）」と呼ぶ。

火を使いこなしていたホモ・サピエンスは、夜は洞窟の入り口で火を焚《た》き、交替で見張りをしながら捕食者から身を守ったのだろう。

バンドが形成されたことで、狩猟もチームワークの作業となる。仲間が何を考えているか、どう動こうとしているのかを、ある程度は理解した上で連携していくために、共感は不可欠だったはずだ。

他者との間に協力関係を築かなければ、群れは機能しない。言語が誕生するよりもずっと前から、集団生活を円滑にするために人類は共感を使って生き延びてきたのだ。

脳の容量と共感の関係性

ところで、共感は脳の前頭前野や島皮質《とうひしつ》、扁桃体《へんとうたい》などの複数の部位が関与する複雑なプロセスでもある。そのため、脳の大きさ（容量）と共感能力にも一定の相関関係があることがわかっている。

共感能力を育《はぐく》みながら進化してきた私たち現生人類（ホモ・サピエンス）の脳の容量は約1350ccである。

ホモ・サピエンスと共存していた時期を経て、最終的には約4万年前に絶滅したネアンデルタール人の脳は約1450ccと大きかったが、彼らの文化でも負傷した仲間を看護している形跡が見られていることから共感能力はあったはずだ（詳細は後述）。

チンパンジーもまた共感能力を持つが、脳の容量は約４００ccと少ないことを考えると、ある程度以上の脳容量があれば、共感能力を持ち得るのだろう。

では、脳のどの部位でどのように共感は生み出されているのだろうか。

他者を模倣する「ミラーニューロン」

他者に心を寄せる「共感」が可能になるのは、脳の神経細胞である「ミラーニューロン」のおかげだ。

１９９６年、イタリアの神経科学者ジャコモ・リゾラッティがパルマ大学で行なった研究がある。リゾラッティらはマカクザルという猿の脳の部位に電極を取り付け、ある動作を行なっている間にマカクザルの脳にどのような神経反応が起こるかを記録した。その結果、発見されたのがミラーニューロンの存在だ。

実験者であるヒトがエサを拾い上げ、マカクザルがその様子を見ている。次にマカクザルが自分の手でエサを拾い上げたとき、双方の場面では脳の同じ部位が活動する（ミラーリング）ことがわかったのだ。

他者の動きを見て、それを鏡のように自分の動きに反映させるミラーニューロンは、視覚から模倣《もほう》するだけでなく、言語の獲得にも影響を及ぼしている。なぜなら言葉の獲得は、相手が発した音を真似するところから始まるものだからだ。「猿真似」という言葉は、もしかすると人類の最も古い得意技なのかもしれない。

他者の行動や感情を模倣する脳の神経細胞ミラーニューロンによって、私たちは他人の痛みや喜びを自分のことのように感じられるのである。

認知的共感と情動的共感

では、サルやチンパンジー、そして私たちホモ・サピエンスは、他者の動作や発した音をなぜ真似しようとするのだろう？　単純な言葉で言ってしまえば、目の前にいる相手がしていることを面白く感じるからだ。

共通の言語が生まれる以前の世界では、動物は相手の表情や動きから苦しみや悲しみ、快不快の感情を読み取ろうとしてきた。

他者を観察し、「今、この相手は何を感じているのか」を理解すること。これは

「認知的共感」と呼ばれている共感の一種だ。

認知的共感は、あくまで共感の認知である。「目の前にいるこの人は今、苦しんでいる」。それを情報として理解することが認知的共感だ。相手の苦しみがわかる。しかし、だからといって自分まで苦しみを感じるわけではない。共感の「客観的な認知」ともいえるだろう。

これに対して、他者の感情を自分の感情のように感じるのが「情動的共感」だ。相手が悲しいと自分も悲しいし、相手が嬉しいと自分も嬉しい。相手の感情をただ認知するのではなく、自分の感情をそこに寄り添わせる。多くの人が抱く「共感」のイメージはこちらの情動的共感だ。

「情動的共感」は、相手との関係性が近くないと生じない。

たとえば、自分の子どもが病気で苦しんでいたら、間近で見守る親は苦しみ、「代わってあげたい」と願うだろう。

では、これがまったく知らない子どもだったら？　その子のつらさや苦しさは想像できても、自分の苦しみにまではならないはずだ。相手との距離に関係なく生じる認知的共感と違って、情動的共感は近い関係性、狭いコミュニティ内で起きやすい傾向が見られる。

共感は他者との関係を深める道具

苦しそうな猫を見れば、「猫が苦しんでいる」と思う（認知的共感）。
飼い猫が苦しんでいる姿を見て、自分も苦しみを感じる（情動的共感）。

認知的共感と情動的共感。この2つの共感は、他者を理解し、関係を深め、絆を育んでいくために極めて有効な感情である。群れで行動している生き物は、ほぼ例外なく共感能力が高い。

また、人間同士のように同じ種族の間だけではなく、種族を超えて人間に共感を示す哺乳類は意外と多い。「人類の最良の友」とも呼ばれる犬は飼い主の感情を読み取り、ごく自然に共感を身体で示してくれることがある。チンパンジーやイルカなどは仲間同士で共感のコミュニケーションを示すのはもちろん、人間に対しても共感の感情を持つことが実験でわかっている。

要するに、人間以外にも多くの動物は、認知的共感と情動的共感の両方を備えているのだ。

「群れ」には2種の共感が不可欠

人間と共感の関係性について話を戻そう。

狩猟採集社会は最古の人類とされるサヘラントロプスが誕生した約700万年前から始まり、農耕が開始される約1万年前まで続いた。個体としては脆弱《ぜいじゃく》な人類が獲物を狩って生き延びることができたのは、認知的共感と情動的共感がうまく働いたからだ。

「バンド」はただ群れていればいいわけではない。構成員の多数がある程度は同じ行動を取らなければ、生活は成り立たなかっただろう。リーダー的人物が「これをやろう」と行動を提案したときに、他の人も同様にやる気を出してそれに倣《なら》う。個体としては自分よりも強い肉食動物に対抗するためには、数の力と連携によるチームワークしかない。

ところで、ある集団が「力を合わせてがんばろう」と同じ方向を向くためには、認知的共感だけでは実現できない。

認知的共感はあくまで「そういうものなのだな」という客観的理解であって、本来は行動に結びつくものではないからだ。俗っぽく表現すれば、認知的共感だけでは心が揺さぶられないのである。

リーダー的人物の提案に「よし、一緒にがんばろう」と心を寄せる情動的共感を持って初めて、私たちは集団に追随できるようになる。要するに、群れが動くときには認知的共感と情動的共感の両方が働いているのである。

共感と反発を繰り返しバンドは再生産される

情動的共感でつながっているグループは、そうでないグループと比べると互いの心理的な絆が強くなる。心が重なり合ったことで絆が生まれ、信頼が育まれるからだ。

すると、チームワークがよくなるため狩りで連携して餌を取るのもうまくなるし、外敵に対しても強くなる。

つまり共感能力は個としては人間が生き延びるために、そして種としてはより進化するために必要不可欠な力なのである。

そうは言っても、バンドの中には「俺はそんなことやりたくない」「皆と同じことはしたくない」と言い出す人もいたはずだ。現代であれば、基本的には個人の意思と自由が優先されるが、食糧確保という生命に関わる事柄であればそうもいかない。

バンドの中では「じゃあやらなくていいよ」と簡単には放免されなかっただろう。同調しない人はパージ（排除）されたり、罰を受けることもあったろう。

だが、バンドがある程度大きいと構成員の数も増えるため、「俺はそんなことやりたくない」と考える人の数自体も多く、ある程度の頭数が集まれば、「皆の意見に反対する」ことに共感する人同士でそのバンドを離れ、自分たちで新たな別のバンドをつくったと考えられる。分裂した新たなバンドの内部でも、同様のことが再び繰り返されただろう。

数十万年前から現生人類は共感を起点とする分裂と再編を繰り返しながら徐々に自

分たちの陣地を広げ、それぞれに生き延びてきたはずだ。

花を手向けるのは死者への情動的共感か

共感によって集団の連帯が高まると、集団内に儀式が生まれる。連帯を目に見える形として表現するためだ。一番わかりやすい例が葬儀だろう。

死んだ仲間を弔う気持ちがいつから生まれたのか、正確なことはわかっていない。だが、集団での生活が続く中で絆が深まり、そのうち誰かが死んだ際には「仲間が死んでしまった。悲しい。かわいそうだ」との情動的共感が働くのは、ごく自然な流れだろう。

他者の死を悼《いた》んで花を手向《たむ》ける慣習は、宗教や文化を超えて世界中で広く行なわれている。日本ではお盆や彼岸に墓に花を供《そな》えるし、花屋では年中「仏花《ぶっか》」が売られている。

中国では清明節《せいめいせつ》に、メキシコでは有名な「死者の日」に、それぞれ花や食べ物を墓地に供える習慣が古くからずっと続いている。ヨーロッパの葬儀でも同様だ。

儚《はかな》く枯れても季節が巡れば再び咲く花は、生命力の象徴でもある。美しい花を手向ける行為は、死者への情動的共感を表現する最も原始的な方法なのかもしれない。

足手まといの仲間を見捨てなかったネアンデルタール人

ホモ・サピエンスと脳の容量がほぼ同じで、狩猟生活をしていたネアンデルタール人も死者に花を供えていたという説がある。

１９５７年から１９６１年にかけて、イラク北部のシャニダール洞窟でネアンデルタール人の遺骨が複数発掘された。そのうちの１体の墓穴からは花粉の塊が見つかった。調査したところ、この花粉の一部は薬効特性を持つ植物だったことから、同胞の死を悼んだ仲間が花を手向けた証拠、つまり儀式の始まりではないかとの説が出た。

だが、今のところ真相は定かではない。研究を進めていくとネアンデルタール人が花を手向けたのではなく、「花粉を保存する習性を持つスナネズミが、その墓穴を花粉の保存場所にしただけでは？」との説も浮上したからだ。

しかし、ネアンデルタール人が仲間に共感を示して大切にしていた痕跡が別にある。

同じシャニダール洞窟で見つかったネアンデルタール人の人骨の中には、身体障害を持つ40～50代男性のものがあった。その男性は生前から目の状態が悪く、さらに腕を切断していたことがわかっている。

野生動物であれば数日で野垂《のた》れ死ぬだろうが、その男性は、目が見えず腕がなくなった身体になってからも長生きしていた。

それができたのは、仲間が彼の面倒を見ていたからだと考えられる。ネアンデルタール人は集団の足手まといとなる仲間であっても、共感でつながっていた相手を切り捨てはしなかったのだろう。

ネアンデルタール人絶滅の背景

ところで、ネアンデルタール人は約４万年前に絶滅している。原因は定かではないがネアンデルタール人が暮らしていたヨーロッパ地域で約１０００年にわたる急激な寒冷化が起こり、食糧がなくなって餓死したことが大きな要因だといわれている。

加えて、ネアンデルタール人の絶滅はホモ・サピエンスとの交配が影響しているのではないかと私は考えている。

アフリカを中心に活動していたホモ・サピエンスは、やがてユーラシア大陸へ進出し、先住民であったネアンデルタール人と交配した。これらの交配によって、ネアンデルタール人はホモ・サピエンスに寒さに強い遺伝子を与えたはずだ。おかげで、ホモ・サピエンスは寒冷地域でも生き延びられるようになった。

また、脳の構造や機能を比較すると、ホモ・サピエンスはネアンデルタール人よりもおそらく知能が高かったことが研究で判明している。

小脳は、ホモ・サピエンスのほうがやや大きく、認知能力が高かった。そうなると同じエリアで暮らしていても、狩りによる食糧獲得競争ではホモ・サピエンスが勝利する場面が多かっただろう。

小脳が発達したホモ・サピエンスの集団のほうが、大規模で複雑な社会構造を持ち、それが生存競争に有利だったとも考えられる。

遺伝子の交配によって耐寒性はほぼ同等、だが食糧を得る能力と集団としての強さが相対的に優れていたホモ・サピエンスが生き残ったのは当然だろう。

じつはホモ・サピエンスはネアンデルタール人と交配する以前にも、何度かヨーロッパへ進出している痕跡がある。だが、いずれも寒さに耐えきれず引き返していた。同じその地でネアンデルタール人は生きていたにもかかわらずだ。ホモ・サピエンスと交配し、寒さに強い遺伝子をあげたせいで、ネアンデルタール人は競争に敗れ滅んだとも言える。

いずれにせよ、ホモ・サピエンスもネアンデルタール人も、生き延びるために仲間と協力していたことは事実だ。ホッキョクグマのように単独で餌を取る能力があれば共感能力はさして必要ないが、群れで行動するためには共感能力は極めて重要になる。

共感能力があったから群れになったのか。
それとも群れで生き延びるために共感能力が強化されたのか。
どちらが先かを明言することは難しいが、個として脆弱な身体を持つ人類が生き延びるために共感能力は必須条件だったのだ。

狩りの達人がふてくされたポーズを取る理由

ホモ・サピエンスやネアンデルタール人の「共感の感覚」を想像するには、狩猟採集社会を築くアマゾンやアフリカ、ボルネオ島に暮らす先住民族の暮らしについて知るといいだろう。

「狩猟」と聞くと「狩る」ことばかりに私たちは気を取られがちだが、じつは狩った獲物をどう分配するかも集団においては非常に重要だ。

ボルネオ島の先住民族を調査する文化人類学者から聞いた話を紹介しよう。

世界第3の大島であるボルネオ島には今も多くの先住民が住んでおり、狩猟採集生活を生業としてそれぞれが独自の共同体で暮らしを営んでいる。

ところで狩猟採集を生業とする共同体において、皆から尊敬され、一目置かれるのはどのような人物だろうか。知恵のある賢い人か？　それとも他者に共感できる優しい人か？　どちらも間違いではないが、おそらく最も偉いとされるのは「狩りが上手い人」ではないだろうか。共同体のために食糧を取る。狩猟採集生活を営む集団にとって、これ以上に優先順位が高いことはない。狩猟採集社会では大きな獲物を捕まえた人は、ヒーローになってしかるべきだ。

しかし、あるボルネオの先住民においては、狩りに成功した人は嬉しそうなそぶりを見せず、むしろふてくされた態度で振る舞うのが当たり前だそうだ。

では、周囲の仲間たちがその人を褒《ほ》め称《たた》えるかと思いきや、それもない。獲物を仕留めたのはその人の功績であっても、「じゃあ取り分を多めにしていいよ」とはならないようだ。誰が狩っても獲物は等しく皆に分配され、仕留めた仲間が特別に持ち上げられることもない。

私たちの感覚からすると不自然に感じてしまうが、その先住民のフィールドワークを行なった人類学者が推察するところでは、一連の振る舞いは「狩りが上手い人は偉い」という価値観を抑圧するための行動のようだ。

群れで暮らすようになると、他者と自分の違いや優劣が見えてくる。学生時代を思い出してほしい。クラスには体育が得意な人もいれば、苦手な人もいただろう。勉強も然りだろう。容姿や頭脳、運動能力の差は、現代ではスクールカーストという形になって現れている。

狩猟採集社会も同じで、当たり前だが狩りが上手い人もいれば、下手な人もいる。獲物を仕留める重要な役割は、おそらく上手い人に任せられるのだろう。

だが、「狩りが上手い人」を毎回ヒーロー扱いしていたら、部族内でその人の地位は必然的に上がる。すると集団に序列が生まれる。序列は集団内での振る舞いや発言権にもつながっていき、そのうちに狩りが上手い人は「狩りが下手なくせに偉そうに言うな」「俺の言うことを聞かないやつには取り分を少なくする」と言い出すかもしれない。結果、群れの関係性は平等ではなくなる。

だからこそ、ボルネオの先住民は狩りが上手くても当人はそれを偉ぶらないし、周りも褒めたりしない。

同様の行動はアマゾンの先住民族にも共通して見られるようだ。地域を超えて同じような生活様式が根付いているのである。狩猟採集社会には格差がなかったと言われているが、格差が生じないようなシステムを無意識のうちに構築していたと考えるべきかもしれない。

平静を装う達人の本心は？

では、狩りが上手い人はそのことを実際どう感じているのだろう。自分の力によって獲物が取れてもとくに嬉しくないのだろうか？　誇らしくならないのだろうか？

もちろん、本心ではそんなことはない。

ある文化人類学者は、長年にわたり狩猟採集生活を営むアマゾンの先住民のフィールドワークを続けるうちにその部族の一人の男の子と親しくなった。

赤ん坊の頃から知っていたその子は、やがて単独でも狩りへ出かけるようになる。見よう見まねで覚えた方法で、少年は初めて一人で狩りをし、見事に獲物を取って帰ってきた。

ところが、帰宅した彼の表情に喜びはなく、むしろふてくされていたという。自分が取った獲物を母親にドサッと渡し、嬉しそうな顔ひとつ見せず無頓着《むとんちゃく》な様子でふて寝をしていたそうだ。

だがその夜、気心が知れている、けれども部外者である文化人類学者が「今日の狩り、どうだった？」と聞いたところ彼の様子が一変した。初めての単独での狩りとその成果について、少年は満面に笑みをたたえ、興奮しながら得意げに語ってくれたのだ。

つまり、ふてくされた態度はポーズであって、本心は嬉しさと高揚感に満ちていたのだ。なぜ少年がそう振る舞ったのか。それは、親やきょうだい、年配者がそうした部族内での振る舞いを態度で示してきたからだろう。

あえて皆の前でふてくされたように振る舞ったのは、湧き出る高揚感を抑制するための蓋《ふた》のような意味合いがあったように思える。

得意げにしない、させない。それによって部族内の平等を保つ。それがコミュニティの平等性を維持していくための部族の掟《おきて》なのだ。

偉ぶらないやつが一番偉いのか

もちろんその村の人たちは狩りが上手いのは誰か、毎回成果を上げているのは誰か、もしくは誰が下手なのかを知っているはずだ。だが、わかっていてもその人をあからさまに持ち上げるようなことはしない。水面下で静かにリスペクトするだけだ。

狩りが上手い当人も「いや、こんなのはたいしたことない」とさりげなく振る舞う。すると「偉ぶらないあいつは偉い」という共通認識がコミュニティに浸透していく。「狩りが上手い人」にとっては、そのように非明示的に伝わってくるリスペクトや評価こそが、生きる張り合いになっているのだろう。

この構図は謙虚が美徳とされる日本社会ともよく似ている。皆が集まったときに率先して仕事を引き受け、お礼を言われても「いやいや、たいしたことはしていないから」と控えめに返す。出る杭は打たれる日本の共同体で最も好感を持たれやすいのは、今も昔もこんな謙虚なタイプの人間だ。

一方で、資本主義が加速する昨今では「金を稼げるやつが一番偉い」という共通認識が広がってきている。金持ちはどんどん金持ちになり、発言権を増し、能力や資産を得意げにひけらかす。狩りも金を稼ぐことも、今いるコミュニティにおいて成果を上げるという意味では同じだが、その優位性をどう表に出すかが対照的になっている点は興味深い。

「親を大事にしろ」はあとづけの倫理観

このように、「共感」は人間が社会的な存在として他者と関わり合うための鍵として機能してきた。人類はまさしく「猿真似」によって親の振る舞いを模倣しながら成長し、コミュニティを拡大・強化してきたのである。

ところで、わが子がつらい思いをすると「自分が代わってあげたい」と思う親は多いが、その逆のパターン、つまり「親がつらい思いをしているので子である自分が代わってあげたい」と言い出す子どもの例はあまり聞かない。

親は子に掛け値なしの共感と同情を寄せているのに、子から親への感情はそうした純度の高い共感とはどうやら別物に思える。この非対称性はどこに起因するのだろうか？

おそらくは前者が本能で、後者はそうではないからだ。

親が子を守り、育てる行為は生物学的な本能である。自分の遺伝子を次世代に残すための本能であるからこそ、親は子を慈《いつく》しみ、自分の分身のように大切にする。

他方で、子どもにとっては、自分が成長して大人になってしまえば、親という存在はいつ死んでも構わない存在になる。親が長生きしようと早死にしようと、自分の遺伝子の行く末には関係ないからだ。だから、「苦しみを代わってあげたい」とは思わない。それが本能だ。

では、なぜ「子どもは親を大切にすべき」という価値観がさまざまな文化圏で奨《しょう》励《れい》されているかというと、本能ではないからこそ規範になったのだろう。「親には感謝すべきだ」「親を大切にすることが人間としてあるべき姿である」と事あるごとに社会から教え込まれるからこそ、多くの人は親を大切にしようと努める。

逆説的に言えば、社会からしつこいほどそう教わらなければ、人間は老いた親を大切にできない生き物なのかもしれない。

ヤクザはなぜ疑似親子関係を結ぶのか

認知的共感と情動的共感を理解するうってつけの例として、ヤクザの世界を見てみよう。

「やくざ者」という言葉がある通り、そもそもヤクザとは家庭や社会の群れから何らかの事情で逸脱してしまった、はみ出し者の集団だ。だが、面白いことにその小さく狭いコミュニティでは、親子関係を疑似的に模倣している。

親分と子分が盃《さかずき》を交《か》わし、疑似的な親子関係を結ぶことをヤクザの世界では「親子盃」と言う。組員は組長を「オヤジ」、直属のボスを「アニキ」と呼ぶ慣習があり、ヤクザ同士の結束は「血の絆」と呼ばれている。コミュニティを支える心理的絆の強度に関しては、一般社会よりヤクザの世界のほうが何倍も上だろう。少なくとも昭和ヤクザの世界はそうだった。

ヤクザにとって何よりも大切なものは「義理」である。オヤジを敬い、義理を尽くすことが何よりも重要であり、彼らは義理のためになら命を賭《か》ける。狭い共同体の中だからこそ、義理という規範を守らなければ生きていけないのだから切実だ。

芸能の世界でも「義理を重んじる」ことがやたらと大切にされるが、閉鎖的、かつ世間一般とは異なる特殊性を持つ集団で生きていくために守る最低限のルールが「義理」なのである。

実際の親子関係では他者の感情を自分の感情のように感じる情動的共感が行き交う

が、疑似親子を模倣するヤクザの世界では情動的共感が自然発生することはまずない。だからこそ、情動的共感を模したものが「義理」として機能しているのだ。

人気ヤクザ映画『昭和残侠伝《しょうわざんきょうでん》』シリーズで高倉健《たかくらけん》が歌った『唐獅子牡丹《からじしぼたん》』に「義理と人情を秤《はかり》にかけりゃ義理が重たい男の世界」という一節があるが、ヤクザの世界を表すのにこれ以上的確な表現はないだろう。

第3章

共感の副作用

共感は善なるものか

たいていの人は、共感は善なるものだとみなしている。

人類がたどってきたあらゆる変革の歴史は、共感がその起爆剤となって引き起こされた。共感力が高い人ほど、他者の喜び、苦しみ、痛みに寄り添うことができるし、困っている人がいればすぐに助けようと行動する。

優しさ、親切、配慮、同情、憐憫《れんびん》、愛情などの善性と分かちがたく結びついているもの、それが共感であると多くの人は信じているだろう。

もちろん、その見方は決して間違いではない。

人類は他者の振る舞いを真似て賢くなり、さらには他者の感情を真似ることで絆を高め合って発展してきた。共感力が高いということは、「人間味がある」とほぼ同義だ。

けれども一方で、共感は副作用と呼んでもいい危うい側面をはらんでいる。

「共感能力が高い人」と聞いて、多くの人は次のような人をイメージするだろう。優しい、正直、面倒見が良い。誰かを積極的に疑うことをせず、相手の言葉を素直に受け止める。情に深く、涙もろく、裏表がない。

だが、よくよく考えてみると、詐欺師に騙《だま》されるのはまさにこういうタイプの善人だ。「困っているから連帯保証人になってくれ」と知人に頼まれて、うっかり承諾して自己破産するのもこのタイプだろう。じっくり考えて判断する前に、情動に流されて失敗してしまう原因は共感力のせいに他ならない。

本章では、このような共感がもたらす副作用、危うさについて論じていこう。

映画ですぐ泣く人は、騙されやすい

「自分は共感力も高いが、理性的に思考できるから大丈夫」と安心している人は、最近、どんな場面で自分が泣いてしまったかを振り返ってみてほしい。

映画や漫画、小説などのフィクションで感動できる人は、認知的共感力と情動的共感力が高いため、自分で思っているよりずっと騙されやすい傾向にある。

最近では数十秒で泣けるとされる感動系ショート動画も世に氾濫《はんらん》しているが、ああいう動画で「秒で泣ける」人はさらに危うい。前後の文脈や背景をまったく知らなくとも泣けるのは、共感力が過剰に働いているからだ。

無垢《むく》な子ども、親子愛、動物の一途さ、自己犠牲など、そこに自分の涙腺を刺激するエモーショナルなパーツがありさえすれば、共感力が発動して涙が流れる。要するに、反射的に感動できるのである。こういう人は、自分のフィルターで信じたいことだけを信じてしまう傾向があるかもしれない。

共感には人を振り回す力がある

誰かに心を寄せる優しさと、客観的に判断しようとする理性は完全なトレードオフではない。相手の痛みを自分の痛みのように感じ取る「情動的共感」がなくても、この人は痛いのだなと理解できる「認知的共感」があれば両者の行動の結果は同じになるかもしれない。

ちなみに、両者の大きな違いのひとつとして、他者の感情を自分ごととして重ね合わせる情動的共感は脳が気持ちよさを覚えやすいが、事実を認識する認知的共感は快楽には結びつきにくいという点がある。

だが、一般的に共感、すなわち喜びや悲しみ、怒り、恐怖などの情緒的な反応は、道理に基づいた決定や理性的な判断を覆《くつがえ》すパワーがある。私たちは「感情に振り回されてしまった」とは言うが、「理性に振り回されてしまった」とは言わないことからもそれは明らかだ。

では、共感に振り回されると何が起きるのか。個人の共感が集団に感染すると何が引き起こされるのか。

行為の過激化、同調圧力、暴力、そして行き着く先は戦争だ。

SNSの共感によって異常性は増幅する

SNSの普及によって、私たちの「つながる範囲」は爆発的に拡大した。かつては家族や地元といったごく狭い範囲のコミュニティでしか生きられなかったのに、物理的距離や言語の壁も超えて、匿名のままでもあらゆる他者とつながれる可能性が生まれたのだ。

だが匿名性が高いSNSでは、理性のリミッターが外れてたとえば性的コンテンツが過激化しやすい負の面もある。どれだけニッチな変態性欲であろうとも、あらゆるジャンルで「同志」が見つかるため、変態性欲も助長されやすい。

そもそも何らかのマイノリティ属性を持つ人は孤独感を抱きやすいため、それを埋めようとしてSNS利用にのめり込む傾向にある。統計を見る限り性犯罪そのものは増加していないが、携帯電話などによる盗撮や、SNSがらみの性犯罪は増加している。

とりわけ顕著なのが携帯電話やSNSを利用した小児性愛者の犯罪だろう。最近では大手学習塾で講師をしていた20代の男性が、小学生の教え子の下着をスマートフォンで盗撮していた事件が発覚した。さらにおぞましいことに、その講師はそれらの動画や被害者の個人情報を、他の元講師や同じ性的嗜好でつながるSNSのグループチャットに投稿・共有していた。

職場の同僚女性が使うマグカップやハチミツの容器に自身の精子を混入させて逮捕された20代男性も、やはりSNSで自身の加害行為を武勇伝のごとく得意げに報告していた。

いずれも被害者の精神的なダメージは計り知れないが、同様の事件は枚挙《まいきょ》にいとまがない。孤独を埋めるために共感を求め、振り回された結果が犯罪として結実したとも言える。

パリ人肉事件の佐川が今生きていたら

１９８１年、パリに留学していた日本人学生の佐川一政《さがわいっせい》が、友人のオランダ人女性を自宅で射殺し、屍姦《しかん》したあと、遺体の肉を調理して食べる事件が発覚して世界を震撼《しんかん》させた。いわゆる「パリ人肉事件」であるが、佐川は幼少期から人肉食への欲求があったと逮捕後に語っている。佐川が現代に生きていたら、おそらくＳＮＳで自身の性癖を共感できる同志を探していただろう。

サークル化したクローズドなコミュニティでは、より過激になれる人間が「格上」になれる。変態性欲者同士で共感が深まると、行為はより先鋭化し、さらに過激な行為を求めていくようになる。

いずれの犯罪も、盗撮や精子混入などの変態的行為を成し遂げることだけが目的ではない。むしろ真の目的は自分の変態的行為を仲間に得意げに報告し、尊敬や共感を集めることのほうではないだろうか。そうすることで自分の居場所をより確かなものにしようという心理が働くのだろう。

結果、最初に抱いていた欲望と目的が途中ですり替わり、自分の地位を高めるために行為がどんどんエスカレートしていくことになる。

「共感」は異常行動の燃料となる

脳内は自由だ。どれだけ変態的な行為やむごい殺し方を想像しようとも、実行に移さない限りは誰にも咎《とが》められない。

けれどもインターネットが普及して同志が見つかりやすくなり、画像や動画がアップロードできる技術が生まれたことで状況は変わってしまった。

これまで蓋をされていた欲望や幻想に「同じ嗜好を持つ仲間の共感」という燃料が投下されたため、行為がどんどん過激化するようになった。その結果、燃え盛る火柱が犯罪行為として露呈することになる。

共感が増幅してエスカレートしていくのは異常性欲だけではない。

２０００年代以降は「自殺サイト」を通じて知り合った人たちが、練炭で集団自殺をする事件が複数回起きている。「一人で死ぬのは怖い、でも同じような人と一緒であれば」との心理の土台にもやはり共感がある。

属性や背景は違っても「死にたい」という一点で共感できた相手とであれば、という思いがあるのだろう。さらに死に方はいくらでもあるのに、「練炭自殺が一番楽だ」と聞くと、皆が流されるように「じゃあそれで」と思考停止して賛同しているのもよく考えればおかしな話だ。

「本人たちが死にたいと希望して死ぬならいいだろう」と言い出す人もいるかもしれないが、こうしたサイトを悪用して自殺志願者を殺害する快楽殺人事件も発生している。

２０１７年に神奈川県座間《ざま》市で起きた男女９人が殺害された事件は、ＳＮＳの交流サイトに自殺願望を書き込んだ若者が被害者だった。犯人の20代男性はＳＮＳで「さみしい」「つらい」とつぶやいている人に片っ端からメッセージを送りつけ、「一緒に死のう」などと返信して自分のアパートに誘い込み、次々と殺害して逮捕された。男は強盗・強制性交・殺人などの罪で起訴され、２０２１年には死刑が確定している。
ＳＮＳを媒介にした事件は今後ますます増えていくだろう。
そしてその背景には必ずといっていいほど「共感」が潜んでいる。

太平洋戦争と共感

共感が暴力や犯罪を加速させる燃料であり、共感の強制はつまり同調圧力である。そして日本の歴史を振り返ったとき、同調圧力が最悪な形で発現したのは太平洋戦争だと私は考えている。

共感にはさまざまな種類があるが、「自分が一番気持ちよくいるためにそのとき最もメジャーな言説に共感する」という表れ方がある。あるいは、「共感しているふりをしているうちに、本当に共感してしまった」となるパターンもある。いつの時代も大衆はこのパターンに乗りやすい。
「サッカー・ワールドカップで世間が盛り上がっているので、サッカーに興味はないが自分も乗っかって楽しんだ」などはわかりやすい例だろう。

もちろん、それ自体はなんら悪いことではない。他者との情動的共感によって、自分にとっての快楽を見つけて楽しんでいるだけだから、むしろ人生を充実させる方法のひとつかもしれない。「楽しい」「心地よい」は伝播《でんぱ》しやすい感情なのだから自然なことだ。

選挙のときは最も有利な候補者に投票して勝ち馬に乗る行為もある種の共感であり、理性的判断とはとても言えない愚かな行為だが、日本の将来より、自分が投票した候補者が勝つ快感のほうが勝るのだろう。

いじめのターゲットが入れ替わるのはなぜか

一方で、憎悪もまた伝播しやすい感情だ。

「あいつが気に食わない」と誰かひとりが言い出して、その嫌悪感が集団内に広がっていく。いじめの構図はたいがいこのパターンだ。最初はなんとも思っていなかったはずの相手なのに、皆と一緒になって叩いているうちに次第に卑劣でみじめで間抜けなヤツに見えてくる。

すると、「自分にとって悪い相手は攻撃してもいい」という正当化の論理が生まれる。だが、憎悪や嫌悪感はたやすく反転するため、いじめっ子がいじめられっ子になったり、いじめのターゲットが入れ替わったりすることもある。

これらの現象もまた、憎悪の情動的共感による作用である。

そして、共感を強制する、強制されることによって、集団内では押し付けや同調圧力が生まれる。それが最も極端な形で現れたのが昭和の日本だろう。

共感が戦争思想の下地をつくった

昭和の始まりから3分の1は戦争の時代であった。

「お国のために」という大義名分の押し付けと道徳教育の浸透によって、日本人の価値観は戦争をするのに都合がいいように政府によってゆがめられた。

戦争はお国のためであり、兵隊は郷土を守るために死ぬことが美徳である。それに反対する人間は「非国民」なのだから、皆で罵倒しても蔑《さげす》んでも構わない。

戦争へと向かっていく時流の中で、当時の日本政府はこうした世間の空気をつくり出し、国民の思考を統制していく。そうすることで兵隊に取られることを拒否できない空気を醸成したのである。

個々人がしっかりと思考し、各々の選択を自由に選べる社会では、なかなか国全体としてスムーズに戦争モードに変わっていくことは難しい。

「俺は戦地になんか行きたくない」と言い出す人がひとりであれば、取り締まることは容易だ。だが同じようなことを言う人が３人、10人、１００人と増えていけばどうなるか。

刑務所には収容しきれなくなるし、兵隊の数も足らなくなる。政権側はコントロールできずにお手上げ状態になるだろう。

そうした事態を避けるために、明治以降の日本の道徳教育では「思いやり」「みんなのために」「仲間と力を合わせる」などの共感的価値観を至上のものとして子どもたちに教え込んできた。

兵隊となること、家族の出征は喜ばしいことだからと華々しく送り出すこと、お国のために死ぬこと、すべてを国に差し出すこと……。それらの政府がつくり出した価値観にうまく国民を「共感」させることができたから、日本は太平洋戦争に突入できたのだとも言える。

非共感思想を持つ者は「非国民」である

そう考えると、戦前・戦中の日本では「非国民」という言葉がいかに大きな影響力を持っていたかも見えてくる。

「非国民」という概念が広がり、使われ始めるようになったのは日中戦争のあたりからだ。明治時代より、富国強兵政策を謳い、近代国家としての自立を目指していた日本にとって、西欧諸国に対抗できる国になるためには国民が一丸となる必要があった。

だが、各々がバラバラの価値観や信条で行動していてはそれが難しい。そこで生まれたのが「非国民」という言葉だ。国民としての義務や本分に違反する者、軍や国策に非協力的な者は、国民としての自覚が足りないのだという非難の意味を込めて「非国民」とされたのである。

四方を海に囲まれた島国で「国民に非《あら》ず」とレッテルを貼られることは、どれだけつらいことだろう。国家に共感できる者は「国民」だが、国家に共感できない者は「非国民」である。

このように線が引かれた結果、多くの日本人は生き残るために「国民」となる道を自ら望んだのである。国民らしく振る舞うことによって国への共感は深まり、やがて自らの意思で本当にそう望んでいるように思えてくる。二度の世界大戦中は、おそらく日本以外の国でも同じような構図が生まれていたはずだ。

敵が「鬼畜」なら殺す大義が成り立つ

かつて戦時中の日本では「鬼畜米英」という言葉があった。

今の時代にこんな言葉を口にしたらすぐさま社会的に抹殺されるだろうが、第二次大戦中の日本では敵国であるアメリカやイギリスの人間は、「鬼」や「畜生」と同等であると国民に示す必要があった。

なぜそこまで敵国の人間を蔑む必要があったのか？

それは戦地でためらいなく相手を殺すためである。

アメリカ人やイギリス人は自分たち日本人と同じ人間ではない非人間である。残虐非道な鬼畜生、人でなしのたぐいなのだ。だから、「やつら」に共感する必要はまったくないし殺しても構わない。

この鬼畜米英のスローガンは日米開戦の幕開けとなった真珠湾《しんじゅわん》攻撃後、大政翼賛会によって大々的に発表された。わざわざスローガンとして掲げた目的は、国民の戦意を高揚するため、つまり敵意を煽《あお》るためである。

いつの時代、どの国でも敵は「非人間である」

このように「敵国の相手を同じ人間と思わせない、共感させせない」政策を推し進めた国はもちろん日本だけではない。

アメリカ側に視点を移してみれば、案の定、似たようなことをやっている。日本がアメリカを「鬼畜米英」と罵ったように、アメリカは日本人を「ジャップ」という人種差別的な蔑称を用いて蔑んでいたことは多くの人が知っている。日本人を文字通り「害虫」に見立てたアニメやポスターなども盛んにつくられた。

自分たちを真っ当な人間として、相手は非人間として位置づける。

このような戦時中のプロパガンダは、時代や国が変わっても構図としては普遍的といっていい。

かつて十字軍はキリスト教徒の聖地エルサレムをイスラム教徒から奪還するために、相手を「異教徒・異端者」として敵認定することで自分たちの虐殺行為を聖戦として正当化させた。

中世ヨーロッパで起きた魔女狩りもそうだ。飢饉や疫病など社会的混乱が続く中、不安定な状態に置かれていた大衆のガス抜きのために、教会は異端審問という名のもと、異教徒や魔女とされた人々を取り締まった。異教徒や魔女は同じ人間ではないのだから、拷問にかけて殺しても許されると考えられていたからだ。

ナチス・ドイツによるホロコーストも、ユダヤ人を劣等人種と位置づけ、自分たちドイツ人が「優秀なアーリア人」であるとの理屈に基づくものだった。

その結果、ヨーロッパ全土で約６００万人が組織的に殺害される、人類史上最悪のジェノサイドを招いてしまう。ちなみにアドルフ・ヒトラーは単純な言葉で大衆の共感を得る能力が抜群に際立っていた。

ガザ地区がイスラエルとパレスチナの紛争の中心地になっていることも同様な構図で理解できる。物理的な攻撃ではないが、ＳＮＳの世界で毎日のように起きている他人へのネットリンチもやはり同じだ。画面の向こう側にいる相手の存在を鬼畜だと思えば、どんなひどい言葉を投げつけても平気でいられるのだろう。

このように歴史を少し振り返っただけでも数多くの事例を引っ張り出せる。共感を欠如させることで、人間は他人への攻撃をためらわなくなる。古今東西、誰もが無意識的にその普遍的な心理を持っていたのだ。

近代日本で思想統制が始まるまで

戦前・戦中の日本に再び話を戻そう。近代日本で「共感」がどう使われてきたのか、その時代背景を知っておくことは、今の私たちにもつながってくるからだ。

第一次世界大戦中、戦争特需によって日本からヨーロッパ諸国への輸出が急増した。造船業、海運業、鉄鋼業、化学工業などが大きく発展し、国内企業は巨額の利益を得ることができた。一介の商人から「成金」なる資産家が続々と生まれたのもこの頃だ。

暗闇で履き物を捜す芸者の女性に、恰幅《かっぷく》の良い成金の男が百円札に火をつけてかざし、「どうだ、明るくなったろう」と言う風刺画がある。男のモデルとなったのは、第一次世界大戦中に造船業で成功した成金だ。

だが、成金となったのはごく一部で、経済的な格差はむしろ拡大していたため、国民の間では不満と怒りがくすぶっていた。こうした国民の不満を鎮《しず》めるため、政府は戦争によって得られた超過利益に課税する「戦時利得税（成金税）」を新たにつくっている。

１９２９年に世界恐慌が起きると、日本経済は深刻な不況に襲われる。多くの企業が倒産して失業者が急増した。折からの冷害も重なったため、東北地方の農村部では餓死寸前にまで追い込まれる農民も少なくなかった。

このような経済的混乱により、軍部が台頭して起きたのが１９３１年の満州事変だ。日本軍は広大な満州（現在の中国北東部）を占領し、日本から余剰人員を送り込んで農業をさせることで国としての窮地を脱しようと考えた。

実際、その後しばらくは日本の景気が回復したため、この成功体験によって軍部は政治に強い影響力を持つようになる。しかし、軍部の存在感が増したことは、結果として思想統制を強める事態を招いた。

前述した「非国民」という言葉が日本国内で一般的に使われ始めるようになり、共感によって国民が統制され始めたのは、まさにこの時期からである。

「生きて虜囚の辱を受けず」は呪いの言葉

敵意を煽る「鬼畜米英」とは別に、戦争中の日本人に呪いのように植え付けられたのが「生きて虜囚《りょしゅう》の辱《はずかしめ》を受けず」のスローガンだ。

太平洋戦争の戦記を読むと必ず目に入ってくるこの強烈な言葉は、1941年に陸軍大臣だった東條英機《とうじょうひでき》が示達《じたつ》した『戦陣訓』（戦場での訓戒をまとめた文書）に書かれている一節である。

「生きて虜囚の辱を受けず、死して罪禍の汚名を残すこと勿《なか》れ」

つまり、「生きたまま捕虜になって屈辱を味わうくらいなら、潔《いさぎよ》く死んでしまえ」という意味だ。

捕虜になるのは不名誉な恥であり、それくらいならいっそ自決や玉砕《ぎょくさい》すべきであるという価値観は、戦場の兵士たちはもちろんのこと、沖縄戦で追い詰められた一般人にも大きな影響を与えた。自爆攻撃や特攻隊の発想の根底にも、このスローガンの影響が色濃く表れている。

日米でまったく異なった「捕虜観」

話はやや逸れるが、日本とアメリカではこの戦時中の時点で「捕虜」の捉え方がまったく違っていたのは、前提として知っておいたほうがいい。

当時の日本人にとって捕虜になることは、不名誉なことであると同時に、最大級の恐怖であった。

なぜなら敵国のアメリカ人は「鬼畜米英」の言葉通り、鬼畜同様の恐ろしい相手なのだ。捕まったら嬲《なぶ》り殺しにされてしまうだろう。それくらいならいっそ、ひと思いに死んでしまったほうがマシだ――。

そのような先入観があったからこそ、「生きて虜囚の辱を受けず」というスローガンが、真面目な日本人の心に深く刻み込まれていたに違いない。

しかし、現実には敵国であったアメリカは、ジュネーヴ条約（1929年締結）に従って捕虜を人道的に扱うことを基本方針としていたのである。アメリカ軍にとって敵国の捕虜は、適切な食事、医療、住居を提供すべき対象とされていた。日本の軍隊で理不尽に上官から殴られるよりも、アメリカに捕虜として捕まったほうが大勢の日本兵の命が救われていたはずだ。

日本で最初にアメリカの捕虜となった男

そんな皮肉な現実と日米の隔《へだ》たりを、自らの人生をもって体現した日本人がいる。

太平洋戦争における最初の日本人捕虜となった酒巻和男《さかまきかずお》だ。

真珠湾攻撃に参加した酒巻は、特殊潜航艇「甲標的」に乗り込んで出撃するも座《ざ》礁《しょう》した。「甲標的」は2人乗りだったが、もうひとりの兵士は死亡し、酒巻のみがアメリカ軍に捕らえられた形になった。

その後、酒巻は「虜囚の辱」を回避するため自決を願うも果たせず、捕虜収容所に送られてそこで4年間を過ごすことになる。当時の思い出を酒巻は『俘虜生活四ヶ年の回顧』（東京講演会）という手記にまとめているが、それを読むと捕虜生活が彼の人生に思いの外、多くの恵みと学びをもたらしていることがよくわかる。

捕虜生活の中で英語を学んだ酒巻は、語学のみならず地理や歴史も学び、視野を広げることによって、次第に捕虜生活を前向きに捉えるようになっていくのだ。

彼はアメリカで捕虜として戦時中を過ごし、戦争が終わった1年後に帰国する。アメリカで約4年間暮らした経験から英語が堪能だったため、日本の戦後復興に貢献しようとトヨタ自動車へ入社。のちにトヨタ・ド・ブラジルの社長に就任し、ビジネスパーソンとして成功を収めている。

敵国の兵は、鬼畜ではない。自分たちと同じ人間である。

酒巻和男の経験と戦後の成功は、そうした人道的な共感の見地から定められた国際条約の価値がよくわかる逸話ではないだろうか。

余談だが、真珠湾攻撃の開始1時間前に、日本軍は英領マレー半島への上陸作戦を決行している。真珠湾攻撃と同じく、宣戦布告なしの奇襲で、国際法違反である。もしも宣戦布告していたら簡単には勝てなかったかもしれない。

情動的共感は取り扱い注意

戦時中の捕虜に関するエピソードをもうひとつ紹介しよう。

太平洋戦争末期、日本の飛行機工場を攻撃するために飛行していたアメリカ軍のB29爆撃機が、日本軍に撃墜された。搭乗員はパラシュートで脱出するが、地上で捕らえられ、地元の国民学校に連行され、そこで市民や軍人から殴る蹴るの暴行を受けて死亡している。捕らえられた敵国のパイロットに暴行を加えたのは、ほとんど名もなき一般市民だったという。

このとき、大衆を暴力に駆り立てたのはおそらく情動的共感だったはずだ。

『反共感論　社会はいかに判断を誤るか』(白揚社)などの著書で知られるイェール大学の心理学者ポール・ブルームは、情動的共感がはらむ危険性のひとつとして、情動的な共感はそもそも偏りが生じやすいと指摘している。

偏りとはつまり、自分と似ている人、自分に近い人には共感が強く働くが、属性が異なる人や遠くにいる人に対しては、共感が働きにくいため、偏った判断が生まれやすいという意味である。

想像してみてほしい。

戦争末期のある日、自分たちを長年苦しめてきた敵国の人間が突然、無防備な状態で目の前に現れたら？　髪の色、目の色、話す言葉、自分たちとはまったく異なる「鬼畜米英」の一員を見たとき、困窮した暮らしをしていた日本の庶民、それまでに父や兄や息子を兵隊に取られていった人々の胸に湧いたのは、どのような感情だったのかを。

捕虜を人道的に扱うという国際社会の共通ルールを、当時の日本人は教えられていなかった。だが仮に知っていたとしても、結果は同じだったかもしれない。

情動的共感の反作用として、不運なアメリカ人パイロットに暴行を加えていた可能性が高いのではないだろうか。

このように、人間の残酷さの裏側には、情動的共感が支えとなっているケースは珍しくない。暴力が正義となる戦時下では、それがはっきりと浮かび上がって見えやすくなるだけだ。

特攻隊は共感を悪用した最悪の形

「生きて虜囚の辱を受けず」の精神が最悪の歪んだヒロイズムへとつながったのが特攻隊だ。

生き延びて恥をかくなということは、大義のために命を捨てろと命じているのと同じだ。故郷のために、父母のために、国のために突撃してその命を捨てろ。その大義に共感した、もしくは軍隊という硬直的な集団内で共感したふりをせざるをえなかった結果、多くの若い兵士の命が失われた。

特攻隊の出撃は、本人の意志による志願制だったが、果たして心から日本のために突撃したいと思っていた若者がどれほどいただろう？　表向きは志願の形を取っていても、実質的には上官や同僚からの強い同調圧力が働いていたことは間違いない。

「皆が出撃するのだから自分もやらなければ」「なぜ皆が志願するのにお前だけがし

ないんだ」と追い込まれ、志願せざるをえない状況になって出撃した……。そんな兵士が大勢いたはずだ。

野生動物は切腹しない

個々人に暗黙のプレッシャーをかけ、集団の目標や価値観に共感を促すことで全体主義を維持する。

江戸時代の切腹の慣習もこれに近い雰囲気がある。腹を切って命を差し出し、武士としての忠誠や名誉を守る。これを大義への共感と呼んでいいのかは微妙だが、組織のために命を差し出す風潮は昔からあった。

たとえば、主君の死に際し殉死するという習慣があったが、当たり前だが殉死する野生動物はいない。自分がどれだけ潔い人間かを知らしめるために、他者に追従して死を選ぶのは人間だけだ。

それを武士の美学だなんだと綺麗な言葉でコーティングする人もいるが、身も蓋もない表現をすれば、個人的には殉死は最も極端で愚かな自殺の方法だと思っている。

小集団とヒロイズム

小さな集団が生き延びるためには、そのような仲間の犠牲が実際にあったことも事実だろう。

狩猟採集社会のバンドであれば、狩りの最中に仲間をかばった結果、命を落としてしまった人もいただろう。生き延びた仲間は、命を落としたその人を手厚く葬ったはずだ。口伝えで英雄譚として後世に語り継いだかもしれない。文字が生まれたあとは、記念碑的な物語にして残したケースもあるだろう。

自分の命と引き換えに何かを助ける行為は、その集団内においてはリスペクトの対象になる。小さなコミュニティで生きるためには、情動的共感が強くないと関係性がつくれないからだ。

今の時代に狩猟採集民として生きる少数民族であっても、外の社会の規範と自分たちの規範が違うことを理解しているはずだ。外の世界のルールよりも、自分たちの小さなコミュニティのほうが厳しい規律で成り立っていることも知っているだろう。小さな集団が生き延びるには、そのほうが確実なのかもしれない。

為政者はいつだって特攻しない

社会的生物である人間は、努力を褒められると嬉しくなる。褒められると脳内でドーパミンが分泌され、強い快感を覚えられるからだ。

電車で席を譲ってお礼を言われたとき、災害の現場で見知らぬ人を救い出したとき、戦場で仲間をかばったとき――。いずれも利他的な行為であり、脳の報酬系が働き、強い快感が得られる。

自分の命を捧げるという究極の利他的行為も、その意味では例外ではないだろう。だが、集団のスケールが大きくなり、国家間の戦争のような状況においては、ヒロイズムや利他の精神は、国家権力に搾取され、利用されるのがオチだ。

過去に私がTwitterで「特攻隊の死は犬死にである」とつぶやいたとき、「特攻隊で死んだ人々を侮辱するな」「日本国民に土下座して謝れ」などといった感情的なリプライが大量に寄せられてうんざりしたことがある。

勘違いしていた人が多いが、私は個々の特攻隊員を非難しているわけではない。アッツ島やサイパン島で玉砕したバンザイ突撃と同じく、命を捨てても戦いの趨勢は変えられない。だから非難されるべきは特攻などという無駄死にを強要する戦術を考えた権力なのだ。

特攻隊で誰が命を落としたのかを思い出してほしい。地位も権力もない若い兵士ばかりだったはずだ。高い社会的地位にいた上官、いわゆる偉い人間は誰一人として特攻に参加していない。大衆がどれだけ同調圧力に振り回され、仲間の犠牲に涙しようとも、為政者は絶対に自分だけは死なない安全な位置にいる。このアンフェアかつ不均衡な構造があることは、共感に引きずられやすい日本人であれば理解しておいたほうがいいだろう。

美しい大義に搦め捕られ、同調圧力で追い込まれる時代が、いつまた再来しないとも限らないのだから。

なぜ日本が唯一の被爆国となったのか

本章ではここまで、主に太平洋戦争を引いて共感がはらむ暴力性を論じてきた。そしてこのテーマを語る以上、原爆投下についても触れないわけにはいかない。

なぜ、日本に落とす必要がなかった原爆が落とされたのか？

他のどの国でもなく、日本が選ばれてしまったのはなぜか？

本土上陸作戦を回避して多くのアメリカ兵の命を守るため、ソ連の参戦を避けるためなど要因はいくつも挙げられるが、アメリカをはじめとした西欧諸国が日本をどのような存在として見ていたかということとこれは決して無関係ではない。

西欧諸国の国々は、アジアの小国である日本の民を自分たちと同じ人間ではなく、「人間未満」の人種とみなしていたのである。

アメリカは原子爆弾の威力とその影響を実戦で確認する機会をずっと狙っていた。だが、自分たちと近い人種であり、国同士の境界線がいくつもあるドイツではあまりに投下後のデメリットが大きい。その点、海に囲まれたアジアの小さな島国は、これ以上ない好条件が整っていたのだ。

当時、アメリカ国内では敵国である日本を非人間化するプロパガンダが盛んに行なわれていたのは先に述べた通りだ。真珠湾攻撃とその直前に行なわれたマレー半島上陸作戦は、宣戦布告なしの奇襲だったため（宣戦布告の電文処理が間に合わなかったと言う説があるが、いずれにせよ宣戦布告が届く前の開戦であったことは確かである)、「日本人は宣戦布告を行なわない卑怯な民族だ」という印象をアメリカ国民に植え付けた。

翌年の「バターン死の行進」もその印象を強める格好の材料となってしまった。日本軍がフィリピンのバターン半島を陥落させた際に、アメリカ軍とフィリピン軍の将兵が投降したのだが、その数は日本軍の予想を大きく超えていた。

当初、日本は捕虜の人数を2万5000人程度と見積もっていたが、実際には捕虜の合計人数は約3倍の7万6000人まで膨れ上がった。あまりに数字の見込みがずれたため、捕虜収容所まで運ぶためのトラックではまったく足りず、日本軍は捕虜たちに約100キロにも及ぶ長距離を歩くことを強制し、2万人以上の死者を出した。これが悪名高い「バターン死の行進」である。死亡者の多くはマラリア感染が原因だったが、行進中に日本兵から虐待を受け殺害された捕虜も多数いたことが明らかになっている。

捕虜の扱いで日米の格差が激しかったことは前述した。日本軍は捕虜を国際条約に則《のっと》って適切に保護する対象ではなく、暴力的制裁を行なっても構わない敵国兵と考えていたのだろう。そもそも日本軍は精神力至上主義で、コストパフォーマンスを考えるという合理性が完全に欠如していた。

冷静に考えれば、「虜囚の辱を受けず」との思想から突撃死するのは敵を利する行為である。捕虜の数が増えるほど与える食糧も増えるし収容所も必要になる。つまり、捕虜になることは敵国にコストをかけるという意味で自国にはプラスなのだ。そうした合理的な視点が当時の日本軍にあれば、死なずに生きて帰った人ははるかに多くなっていただろう。

「バターン死の行進」に話を戻そう。多くの捕虜が死亡した事態を知ったアメリカ側は当然激怒した。アメリカのメディアは、日本人を「けだもの」と呼び、日本人蔑視の姿勢を隠そうとはせず、アメリカ国民の反日感情を煽った。これが原爆投下という非人道的な決定に影響を与えなかったはずがない。

バターン死の行進を受けてアメリカ国内に貼られたプロパガンダポスターには「殺人者ジャップ（MURDERING JAP）が全滅するまで手を緩めるな」と描かれている。

ナチスがユダヤ人を非人間化したように、日本人がアメリカ人捕虜を非人間化して扱ったように、アメリカ人も距離的・人種的に遠い日本人を非人間化した。
それが最終的には広島、長崎への原爆投下という最悪の暴力の形に行き着いたと見ることは間違っていないはずだ。

撤退という名の損切りができなかった日本軍

「原爆が投下される前に日本が降伏すべきだった」という意見も当然あるだろう。これもまたいくつかの要因が絡み合っているが、軍部の同調圧力に誰も抗《あらが》えなかった結果、降伏が先送りにされたことは間違いない。今っぽい言い方で表現すれば、日本は損切りのタイミングを誤ったのである。

戦争の帰結のターニングポイントとなったのは大敗北を被《こうむ》った1942年6月のミッドウェー海戦であるが、私は1944年7月にアメリカ軍がサイパンを占領したタイミングで降伏すべきだったと考える。北マリアナ諸島（サイパンはその一部）を拠点としたことによって、アメリカのB29が日本本土まで爆弾を落としに飛んで行けるようになったからだ。誰が考えても日本の敗北は決定的となったのだから、この時点で白旗を上げていれば、犠牲はもっと少なく抑えられたはずだ。

降伏という大きな決断ができなかったのは、波風を立てず集団の意見に従うことを良しとしてきた日本人の国民性によるところも大きい。空気を読むことが重視されてきた日本社会では、発言権が強かった当時の軍部に誰もNOを突きつけられなかったのだろう。降伏を提案する以上、その発言者はバッシングを覚悟する必要があるが、そんな勇気のある人はいなかったのだろう。

こうして、本心ではもう戦争をやめたいのにやめられない、誰も降伏の決断ができないまま事態を先送りにして戦争は続いた。戦争末期、出航すれば集中砲火を浴びて撃沈されることが明らかだった戦艦・大和は、それでも出撃して撃沈されている。

クラッシュするまでやめられなかったという日本軍の宿痾《しゅくあ》は、赤字必至なのに開催へひた走る大阪万博という形で現在もまだ続いている。

「多数派につく」ことの安心感

多くの人間は共感が欠如しているから残虐になるのではない。同胞への共感力があるからこそ、残虐になれるのだ。敵意が煽られ、判断を誤り、同調圧力に屈して争いが生まれる。そのすべてが共感に起因するとまでは言わないが、これらはいずれも間違いなく共感がもたらす負の側面である。

いじめや差別も自分が属している集団から部外者（と思われる他者）を排除する同調圧力が根本にある。多数派に人がつきたがるのは、仲間と共感できている状態が安心できるからだ。コミュニティの中で一人だけ反旗を翻《ひるがえ》すには、勇気とエネルギーがいる。

私たちが普段からありったけの理性を総動員して合理的な判断を心がけても、共感によって駆り立てられるパトスは必ず何らかの形で抵抗を示してくるだろう。

「死のう」と共感する快楽

パトスの源泉となる共感は、宗教とも抜群に相性がいい。どんな宗教であっても共感なしには成り立たないし、宗教コミュニティへの忠誠を表明するために自らの命を差し出す人々すら大勢いる。

作家の小林《こばやし》多喜二《たきじ》が治安維持法違反容疑で特高警察の拷問により虐殺され、国家が戦争へと突き進んでいった１９３０年代、日本では新興宗教「死のう団（日蓮会殉教衆青年党）」が世間を騒がせた。

日蓮会を母体として生まれた通称「死のう団」の過激さは、次の宣言文を読めば一目でわかるはずだ。

我が祖国の為めに、死なう!!!
我が主義の為めに、死なう!!!
我が宗教の為めに、死なう!!!
我が盟主の為めに、死なう!!!
我が同志の為めに、死なう!!!

（日蓮会青年部）

いかがだろうか。国家による弾圧が始まった当時の日本社会の空気を先鋭化させた内容だと言っていいだろう。

題目を唱えるように皆で「死のう、死のう」と繰り返していた同団体だったが、やがて団員のうち5名が国会議事堂などで集団割腹自殺を図る事件にまで発展している。熱狂と陶酔による共感がなければ、こんな異様な事件は起きないだろう。

自殺サイトで集まった人々がひそやかに連帯し、集団で練炭自殺を図るようになった平成とはベクトルこそ違えど、どこか共通するところもあるかもしれない。

ちなみに、私は現代日本の最悪・最強・最凶のカルト集団は間違いなく自民党だと思っている。オウム真理教が消滅したのは、人殺し集団ということの他に、政権に付度しなかったからだ。

一方、日本最大のカルト宗教である旧統一教会は、信者を騙して多額の献金を巻き上げ、その資金力をバックに長年自民党を操ってきた。自民党の国会議員の半数近くが統一教会と関係があり、教会は選挙のたびにボランティア運動員として多数の信者を送り込み、選挙を支援してきた。

旧統一教会の支援がなければ当選しなかった議員も多かったはずだ。その結果、自民党の政策は旧統一教会の考えを忖度せざるをえなくなったのだ。憲法改悪に固執するのも、選択的夫婦別姓や、ＬＧＢＴＱの権利擁護に冷たいのも、すべて旧統一教会の差し金である。言わば自民党は旧統一教会の政治支部のようなものなのだ。自民党が現代日本の最悪・最強・最凶のカルト集団であると断じる所以である。

９００人以上が集団自殺したカルト宗教

話を元に戻すと、カルト宗教による集団自殺事件は世界のあちこちで起きている。戦後の最も有名で大規模なものは、１９７８年に南米ガイアナで起きたジョーンズタウン大量自殺事件だろう。キリスト教系新興宗教である「人民寺院」の教祖ジム・ジョーンズは、冷戦下の世界で核戦争の到来で世界が終わると唱え、彼を信奉する９００人余の信者が青酸カリを飲んで集団自殺をした。信者の親が子どもに薬物を飲ませたことから、犠牲者のうち２７６人は子どもであった。

集団自殺のトリガーとなったのは世界の終末への共感であり、そこから死の同調圧力が生まれたと言われているが、この大人数が服毒という手段で同時に死ぬことは絶対にありえない。教祖は信者に、親は子にと、立場の強い者が自殺を強要し、逃げようとした者は殺害した。

自己の生存が至上命題である野生動物からすれば、共感に導かれて集団で自殺する人間は不可解な生き物だろう。犬や猫などの人間と暮らす哺乳類は共感能力はあっても、集団自殺にまでは行き着かない。

自殺が選択肢になりうるのは、脳の扁桃体で他者の感情を理解し、過剰に共感できる人間だけなのである。

情動のエネルギーは振り幅が大きい

一方で、人間は自分とはあまりに異なる相手に対しては何も思わないが、自分と同じような属性やランクの相手には、嫉妬心を抱きやすい傾向がある。なぜかというと自分に近いと判断している時点で、無意識のうちに共感を抱いているからだ。

同い年の芸能人が活躍していても「へえ、そう」で終わるが、パッとしないクラスメイトが一躍有名人になってメディアに出たら、「なんであいつが」「たいしたことないのに」と途端にやっかむ気持ちが生まれる。

共感を抱いていた近しい相手だからこそ、感情が嫉妬や憎悪にひっくり返りやすい。情動のエネルギーは理性よりもずっと振り幅が大きいため、誰かを憎んだり妬んだりする気持ちも強くなるのだ。

誰かに同調圧力をかけようとしたくなる欲望も、これと同じだ。

戦時中、庶民が「お前は非国民だ」と声をあげて非難する相手は、必ずといっていいほど自分と同じような階層の庶民だった。自分に近い場所にいるはずなのに国策に共感を示さない、もしくは反対するそぶりを見せる人間を選んで「非国民」と攻撃していた。

皆が同じ方向を向くことが求められる状況下では、共感能力が高い人ほど真っ先に大勢に流されて染まる。そして自分が属する多数派と価値観や倫理観が合わない人を憎み始める。

不倫バッシングとねじれた共感

最近、過激化している不倫バッシングもねじれた共感の形かもしれない。

江戸幕府第11代将軍・徳川家斉《とくがわいえなり》には17人の側室と54人の子どもがいたという。だが、江戸の庶民がそれを知って本気で嫉妬するようなことは、まずなかったはずだ。当時の常識や結婚制度がどうこう言う以前に、将軍と自分たち庶民はあまりにもかけ離れた存在だったからだ。階層が何層も異なる相手には、共感意識は生まれづらい。

しかし、令和の現代は年がら年中、誰かの不倫バッシングがSNSで繰り広げられている。有名人が不倫をしたら皆で一斉に叩く風潮自体は、昭和にも存在していた。だが、昭和の時代はSNSがまだ存在していなかったため、個人の意見を発信して広く共有できる場が存在しなかった。週刊誌やテレビが不倫バッシングをして、それを見た人が「不倫をするなんて見損なった」「最低な人だ」と話したらそこで話はおしまいだ。

ところがSNSの普及によって一億総メディア状態になると、不倫バッシングの形も大きく変わった。匿名で自分の意見を好き勝手に書く自由を手に入れたことで、皆が正義の名の下でバッシングを好きなだけできるようになった。愚かな行ないをした人間を最低だと叩き、それをＳＮＳの大勢の人々と共有しながら面白がる「自分が主役」の集団心理的バッシングに変わったのである。みんなで共感するのは単純に気持ちがいいのだ。

「他人の家庭の事情に口を出すべきじゃないだろう」なんて正論に取り合う人は少なくなった。不倫をした誰かを批判するポストをすれば、タイムラインには同じような意見の人ばかりが集まるから自分の正しさを確認できる。

Ｘをはじめとしたｓｎｓは、普通の人に自分が主役であるかのような幻想を抱かせる仕掛けが巧みに施《ほどこ》されている。そのような空間で、普段は心の奥に隠している「羨《うらや》ましい」「自分にはできない」という嫉妬心を正義や倫理でコーティングして吐き出す行為は、一時的なストレス解消にもなるだろう。不倫バッシングはストレスの多い多くの現代人にとって、すでに娯楽の一種になっているのだ。

天皇陛下万歳からマッカーサー万歳へ

ところで同調圧力が強いコミュニティほど、じつは変わり身が早い。日本人は真面目で変化を嫌う国民性だと思われているが、そのくせいざ体制が変わると意外と抵抗なく変身するようだ。

太平洋戦争が終結したとき、「天皇陛下万歳」だった日本人はあっという間に「マッカーサー万歳」になった。素早い変わり身の術を目の当たりにして、驚いたのはアメリカだろう。

だが考えてみれば同調圧力が強い社会とは、マジョリティの意見に従うことが求められる社会なので、むしろこれは当然と言うべきだ。風向きが変わって状況が大きく動けば、新しいリーダーにすっと従ったほうが摩擦は少なくて済む。そこに乗っかっていれば自分がバッシングされないだろうという安心感も得られるし、正義の味方のような気分も味わえる。

よく言えば柔軟、悪く言えば無節操であろう。だがその日本の国民性が明治維新や戦後の高度経済成長を支えてきたのも事実である。

共感の副作用を自覚せよ

繰り返しになるが、共感は人間にとって非常に重要なスキルである。だが、歴史を振り返ればわかるように、共感は多くのマイナスの側面も持っていることを私たちは自覚しておくべきだろう。

情動的共感が強ければ強いほど、人間は敵対する他者へのヘイト行動をためらわなくなる。共感の意識が強い人には、集団内で率先して同調圧力をかけにいく傾向が明らかに見られる。共感に引きずられて、合理的な判断を誤る場面も多い。

ＳＮＳの普及によって私たちは、いつでも自分好みの共感の海にダイヴできるようになった。だからこそ「共感しない能力」を身につけなければならない。

では、どうすれば共感しない能力を鍛えることができるのだろうか。

続く第4章では「脱・共感バカ」のヒントを探っていこう。共感と距離を置けるようになれば、今とは違う風景がきっと見えてくるはずだ。

第4章

共感病からの脱却

共感しない能力を育てる

ここまでさんざん述べてきたように、共感を無条件に受け入れることは私たちの社会に多大なリスクをもたらす。

隣人同士を敵対させ、自分と異なる他者を非人間化し、国家を戦争に突入させる。それによって過去に多大な被害を与えたり、被ってきたりした日本人としては、そろそろ「共感しない感性」を磨いたほうがよい頃合いだろう。

今、私たちにとって重要なことは、共感しない能力を意識的に育てることだ。

さらに理想をいえば、共感と理性を場面に応じて適切に使い分けできるようになれたらもっといい。

年齢を重ねるほどに、人は思考と変化が苦手になる。理由は簡単、億劫《おっくう》だからである。思考と感性が硬直化した人間は、揃って自分の正しさに固執し、視野を狭めて閉じていくようになる。

脳にミラーニューロンを持って生まれてきた以上、人間は鏡を見るように他者に自分の感情を映し出す。よって共感しないわけにはいかないが、共感に振り回されない方法もぜひ知っておきたい。

「社会に共感しない力」「孤立を恐れない力」は社会を救う力になるのだが、そのことを理解しない人が多い社会は、悲惨な末路をたどっていくだろう。

共感しない感性を磨くために個として何ができるのか、今の日本社会はどのようなステージにあるのか、めまぐるしく進歩を遂げる生成ＡＩと共感は融合できるのか。

本章では「共感しない」ことの価値を前提に置きながら、それを実践していくための方法と環境について考えてみよう。

TikTokごときで安易に泣くバカになるな

まず真っ先に言っておきたいのは、「すぐに感動するな」ということだ。

感動も一種の共感だ。すぐに感動する人は心が優しいと思われがちだが、たかだか数十秒程度のショート動画を見てすぐに涙するのは、ほぼ反射で目から水が出ているようなものだ。

感動のツボは人によって違うが、パターンはそこまで多くない。家族愛、友情、動物との絆、困難を乗り越える瞬間、戻らない青春とノスタルジーなどの要素を並べていけば、どれかひとつくらいは誰しも心の琴線《きんせん》に触れるだろう。

パターンはすでに出揃っているのだから、制作者側がその気になれば感動は安易に仕掛けられる。そうやってアウトプットされたものと、その人自身の中にある感動の回路がマッチすれば、情動的共感はたやすく発動できる。

だからこそ、感動するものには気をつけなければならない。

ドラマや映画ですぐに感動して泣いてしまう人は、自分が共感に騙されやすい人間であると自覚しておいたほうがいい。フィクションを見て涙しそうになったときは、「自分は今何に心を動かされたのか?」といったん立ち止まって自問自答してみてほしい。

何にでも共感する人間は、すぐに流されて騙される。目先の情動に引っ張られず、自分が何に共感し感動する人間なのかを知っておきたい。

中年以降は共感力が否応なく高まる

「年を取ると涙もろくなる」とはよくいわれることだが、実際に中年を過ぎると感動のハードルは昔より低くなるのが普通だ。

理由はいくつかある。

ひとつは、単純に人生経験が増えるためだ。子どもが生まれて親になれば親子の感動ストーリーに弱くなるし、幼い子どもが健気にがんばっているような姿にもすぐほだされる。親しい人の喪失を経験すれば、死にまつわるストーリーに自分の経験を重ねて涙するだろう。

長い人生経験を通じてさまざまな感情を知り、多種多様な人と関わり合うことで、他人の気持ちに敏感になれるのだ。

また、脳の構造や機能も加齢で変化するため、感情が不安定になってすぐ涙もろくなる人もいる。そこに更年期が加わるとホルモンバランスの崩れからさらに情緒が乱れる。

このように、中年以降になるとさまざまな要因が組み合わさって涙もろくなり、共感力が否応《いやおう》なしに向上する側面もある。結果、情動的共感に身を委《ゆだ》ねることが、もはや快楽になってしまうのだろう。

最近涙もろくなった自覚がある人は、「自分はもう中年の域に達したせいで共感力が高くなっているのだな」と自戒しておいたほうがいいかもしれない。

さらに、老年期へと突入すると脳の可塑《かそ》性（回復機能）が徐々に衰えていくため、異質な他者を受け入れることが困難な脳に変化することも覚えておきたい。周囲で見かける頑固で考えが凝り固まった高齢者を思い浮かべれば、すぐに納得できるだろう。

人間は生まれつき他者とのコミュニケーションを通して、新しい自分をつくっていく衝動を持っているように思えるが、生きている限りずっとその状態が続くわけではない。個人差はあるものの高齢になると、「異質な他者は絶対に受け入れない」という脳に変貌する人も少なくないのだ。

若者の共感力は低いのか？

共感力は個人差も大きいが、一般的には中年以降に高まる傾向にある。

では若者の共感力が低いのかというと、そうとも限らない。10代、20代は人生経験が少ない代わりに自意識と感受性が高く、他者からの視線にも敏感だ。感情や感覚を司る扁桃体は共感力と深く関係していて、若い人でも過度に発達すると情動が不安定になり、反応が極端になりがちだ。

扁桃体が鋭敏でフレキシブルなので、すぐに他者に影響されるし、好きなアイドルやアーティストを神格化しようとしたりする。他人や世界への期待値が高いのも若年期ならではの特徴だろう。若い世代に「安易に共感するな」と言っても、あまり聞く耳を持ってもらえないのは仕方がないかもね。

そもそも乳幼児から10歳の脳は恐るべき可塑性を備えていて、ニューロン同士をシナプスで結びつけたり、そうかといえば一度つくったシナプスを潰したりしながら、日々、機能的な脳をつくり上げている。

脳は外部からの刺激によってどんどん発達を促されるため、この時期に他者との活発なコミュニケーションを怠《おこた》れば言語脳をはじめ、コミュニケーションを司る脳が縮退していくだろう。

人間と動物の大きな違いは、動物は脳の可塑性に乏《とぼ》しく、本能的な行動以外の新しい行動を開発することをほとんどしないが、人間は他者とのコミュニケーションによって、さまざまな可能性を追求できることだ。

別言すれば、動物はある状況に置かれたときに、最もコストパフォーマンスのいい行動を取って他者と無駄なコミュニケーションをしないが、人間は一見無駄と思えるようなことにでも積極的に立ち向かうということだ。それによって人類は新しい可能性を開いてきたのだ。

若者は想像できる範囲が深く狭い

その反面、若者は自分とは異なる属性を持つ遠くの他者への共感は概して低い傾向にある。自意識が過剰な割には、自分とは異なる立場にいる人への想像力はまだあまり育っていないからだ。だから、若者は他人に厳しく、自分には甘い。

電車の優先席で高齢者が優先されるのは、年齢を重ねると足腰や関節が弱ってくるからだ。けれども身体がなめらかに動く若い時期には、そんなことは想像できない。

席を譲るのは、若者よりも、明日は我が身と思っている中年の人が多いのはそのためだ。

「自己責任」という言葉を使いたがるのも、失敗や困難を恐れる気持ちの裏返しだ。「そんなのは自己責任でしょう」と断じて個人の責任を強調することで、「自分は絶対にそうはならない」と信じたいのだろう。

一度好きになった相手には共感がたやすく深まるが、自分に無関係だと思う人への共感は働きづらい。これが若年層の共感能力によく見られる傾向だ。

「素直ないい子」はさっさとやめろ

素直で疑うことを知らない、まっすぐないい子は他人に共感しやすい。その子自身が持って生まれた性質もあるだろうが、日本の家庭や学校教育では、そういうタイプの子を「いい子」のモデルとしてほめそやしているので、後天的にそうあろうと学習していくのだろう。

だが、「いい子」の鋳型《いがた》にすっぽりハマったまま成長すると、自分が何を理解し、何に共感できているのかが見えづらくなるので要注意だ。

私が過去に大学で講義をしていた頃、非常に熱心な授業態度の女子学生がいた。教室では常に前のほうの席に座り、「うんうん」と頷《うなず》いてみせながら授業を聞いている。そんな真面目な姿を見ていたため、「あの学生は講義内容をしっかり理解できているのだな」と私は思っていた。

ところが、いざ試験になると、彼女の成績はまったく振るわないものだった。「うんうん」と頷いて聞いていたのに、何も理解できていなかったのかと私は愕然としたものだ。では彼女は一体何に頷いていたのか？　おそらく、「理解のポーズ」によって共感を示していたのだろう。

彼女の場合は理解できたから頷いたのではなく、理解のポーズにすぎなかったのだ。だが、そのポーズを取ることに一体何の意味があったのだろう。「授業をよく聞いていています」とアピールして通用するのは、せいぜい小学生までだろう。大学の授業ではまったく無意味である。仮に、「なるほどなるほど」とただ理解してばかりでも、批判的思考が育っていない時点で大学生としては失格だ。

どこかで身についた「いい子」の振る舞いは、成長過程でさっさと捨ててしまおう。そのまま大人になってしまえば、騙されやすい人間ができるだけだ。

空気を読まず、食ってかかれ

欧米の大学であれば教師に食ってかかる学生のほうが意欲的だと認められていい評価をもらえることもある。だが日本では「先生の意見は違うと私は思います」と目上の人を相手に主張すると、あまり良い印象を持たれなくなる。これは意見を受け止める大人側の度量の問題だ。

かつて、共感のポーズがいかに無益かをしみじみ思い知ったことがある。

カント哲学を専門とする中島義道《なかじまよしみち》という哲学者がいる。ずいぶん昔になるが、中島に誘われた私は「大森《おおもり》先生を囲む会」という、研究会に出席していたことがある。

高名な哲学者である大森荘蔵《しょうぞう》は物理学から哲学に転向した変わり者で、物心二元論を否定し、独自の一元論的な哲学体系を構築して科学哲学の分野に貢献をした人物である。永井《ながい》均《ひとし》や飯田《いいだ》隆《たかし》、野矢茂樹《のやしげき》など、日本の哲学界を担う錚々《そうそう》たるメンバーが集まる研究会だった。

その研究会は大森が書いた最新の論文や論考を皆で読み、本人自らが解説する講義形式だった。だが始まるとすぐに参加者は続々と「先生、そこは違います」「それはおかしいんじゃないですか」と意見を出してくる。親子ほども年齢の違う大森を相手に、皆よくぞ臆せず意見を言えるものだと私は感心しながら見ていたのだが、それ以上に驚いたのは大森の態度だった。

大森はすべての意見を受け止め、反論すべき内容にはきっちりと反論していた。それは当然のことだが、ある反論が出たときはしばらく沈黙したのち、「その点に関しては、あなたのおっしゃっていることのほうが正しいかもしれません」と素直に認めたのである。

一度書き上げて世に出した論考への反論を、受け止め、熟考し、自分が誤っていたと素直に認めることは、誰にでもできることではない。見ようによっては「大森教授は弟子にやり込められた」とも解釈されるだろう。

だが、大森は自身のプライドよりも学問の探究に重きを置いた。だからこそ皆が彼を尊敬していたのだ。かりそめの共感からは、そのような尊厳ある対話は絶対に生まれないだろう。安易な共感からは、学問は進歩しない。

しっかりと重量のある共感がいかに価値があるものか、よくわかるエピソードとして記憶に残っている。

首尾一貫にこだわるな

本当に賢い人とは、安易に共感せず、過ちを柔軟に認めて前へ進むことができる人だ。現代の日本の政治家でそれができている人は数えるほどしかいないだろう。

日本では昔から愚直であることが好まれ、ひとつの道を誠実に極める職人ほど尊敬される。「転がる石に苔《こけ》は生えぬ」という有名なことわざがあるが、この言葉には正反対な解釈がある。

もともとは〝A rolling stone gathers no moss.〟というイギリスのことわざが由来であり、「職業や住まいを転々とする人は、腰が落ち着かないためいつまで経っても成功できない」というネガティブな意味で使われていた。苔は財産や地位、仕事の成果の比喩だろう。

ところが、このことわざがアメリカに渡ると、「常に活動的に動き回っているアクティブな人は、能力を錆《さ》びつかせない」という正反対のポジティブな意味で解釈されるようになったのだ。

さらにその後、日本に輸入されてからは、本国イギリスと同じようにネガティブな教訓の言葉として解釈されているのが面白い。日本の従来の価値観では、コロコロと動き回るような首尾一貫性のない人間は何も成し遂げられないと思われるからだ。

けれども、よくよく考えてみると首尾一貫性にこだわったせいで、日本は太平洋戦争で悲惨な負け方をした。勝機はないと明らかになった時点でさっさと降伏をしておけば、一般人を巻き込む沖縄戦で犠牲を出すこともなかったし、広島と長崎に原爆を落とされることもなかっただろう。

意見をコロッと変えるくらいは普通

「首尾一貫」というと聞こえがいいが、要は途中で意見を変えることができない、撤退する勇気が持てなかったということでもある。

自分の子どもほど年齢が下の弟子に「それは違う」と問い質《ただ》されてその意見を受け入れた大森荘蔵のように、私たちはもっと素直に、状況を見ながら臨機応変にコロコロと意見を変えていい。

コロコロとまではいかなくても、途中でコロッと違う立場に変わるぐらいは普通だろう。現実は複雑な分岐ルートの連続だ。これは違うなと思ったら、さらりと方向転換できる柔軟性があるほうが望ましい。一度口に出したことを変えられない頑《かたく》なな人間よりも、本当は途中で意見を変えられる人のほうがずっと誠実だ。

臨機応変な共感はイノベーションを起こせる

「あいつは言うことがコロコロ変わる」という言葉は、一般的に悪口として使われる。だが、私たちが本当に注視すべきは「コロコロ変わる」という表面的な行動ではなく、「なぜ変えたのか」という理由の部分だろう。

なぜ意見を変えたのか。もしかすると、新しいエビデンスが出て状況が変わったからかもしれない。自分の見積もりが甘かったことを反省したからかもしれない。圧倒的に優れたアイデアが降ってきたからかもしれない。とにかく、変えたことには相応の理由があるはずだ。

アップルの共同創業者スティーブ・ジョブズは、「コロコロコロ」と「こだわり」が両極端な人物だった。こだわるところには徹底的にこだわって技術者たちを泣かせる一方で、優れたアイデアであれば変なプライドを持たずに即採用する臨機応変さがあったことは、よく知られているだろう。

アートディレクターの八木《やぎ》保《たもつ》は、ジョブズと共に仕事をした数少ない日本人の一人だ。アップルストア全体のコンセプトやコミュニケーションの基盤デザインを担当した八木だが、あるとき会議の場で発言したところ、ジョブズから「もうそのアイデアは聞きたくないからやめろ」とぶった斬られたことがあった。

普通の人ならそこで心が折れてしまいそうだが、粘った八木氏は食い下がって話し続けた。すると、話の途中で感じ入るところがあったらしいジョブズはあっさりと前言を撤回して、「うん、そのアイデアは素晴らしい。君に全部任せるから進めてくれ」

と１８０度方向転換したそうだ。

判断が早い人間は1分前の自分の発言の正誤にも拘泥《こうでい》しない。そういう決断ができる企業がイノベーションを起こせるのだろう。

過去の発言をほじくりかえす愚かさ

今の時代はＳＮＳのタイムラインが証拠として残ってしまう。一度でもネットの海に流れた言葉は、すぐに消しても必ず見つかる。デジタルタトゥーを完全に消すのは残念ながら困難だ。

けれども人間は変わっていく生き物だ。「そのときは確かにそう思っていた。だが今はまったく違う考えだ」ということくらい誰でも何度かあるだろう。

昔の発言をわざわざ引っ張り出して今のその人を叩くのは愚かな行為だし、過去の自分に縛られて過ちを修正できないまま進むのは愚の骨頂である。何度でも間違い、何度でも修正する術《すべ》を私たちは学ばなければならない。

最近は、ＳＮＳでどこからか引っ張り出された過去の不適切な言動から、従業員が企業に解雇されるケースも増えている。

私はこれをひどく愚かな行為だと思っている。人間に首尾一貫性を求めた結果だが、人間の考えは常に変わっていくものだ。「これはいい」と思っていたけど、数ヵ月後にそうではないことが普通で、新しいエビデンスをもとに「自分の考えは間違っていた」と認めるのが誠実な姿だ。「ルールに従っているから、俺は悪くない」と口にするのは無知だろう。ポリコレを他人を攻撃する〝棒〟として機能させる風潮もよくない。

安易な共感は停滞を招く

真の知性とは、今までと同じやり方をひたすら踏襲するのではない。今までになかった新しいやり方を考え出すことである。

共感ばかりが先導する組織では、イノベーションは起こらない。共感を優先する同質性の高い組織では従来とは異なる方法、おかしな行動をする逸脱者が生み出されないからだ。

狩猟採集社会のバンドにも、今でいうクリエイティビティが高い人がいたはずだ。皆と違う槍の投げ方をする人の槍がたまたま獲物を射止めれば、皆はそれを真似してみただろう。試行錯誤と変化への共感が集団の文化を変え、生きやすさが増せば歓迎されたはずだ。

しかし、いつの時代にも保守的な思考をする人間はいる。そういう人の目には変化をもたらす人は反逆者として映る。共感を重視する集団においては新しい提案をする人が、「あいつは俺たちと同じことをやっていない」と非難されてパージされることもあったはずだ。

日本経済が停滞している根本的な原因は、まさにこのパージにある。同調圧力が強い社会では変わり者はパージされ、淘汰《とうた》されていく。だが逸脱者がいなければイノベーションは起きようがない。

変人だから成功し、変人だから早死にした

稀代のイノベーターだったスティーブ・ジョブズについてもう少し触れてみたい。

iPhoneのようなイノベーティブな製品を生み出した彼は、周囲の誰もが認める変人であり、それこそが彼のクリエイティビティの源泉だった。

ＬＳＤ（合成麻薬の一種）などの薬物にも手を出していたことはよく知られているし、アップル創業前には盟友のスティーヴ・ウォズニアックと共に、電話回線をハッキングして無料で国際電話をかける装置を開発して、大学の寮で売りさばいていた。もちろん違法である。日本の大企業ならまず採用されないタイプだろう。

けれども多様性の国アメリカは、常識を疑い、薄っぺらな共感を蹴飛ばしながら創造的なアイデアを生み出すジョブズの才能を潰さなかった。

珍しいタイプの膵臓《すいぞう》がんを患ったときも、ジョブズは手術を受けて腫瘍《しゅよう》を除去こそしたものの、化学療法と放射線療法は拒否して代替医療を選んだ。しかしその決断が再手術を遅らせることとなり、結局はそれが原因でジョブズは56歳の若さで亡くなった。もちろんこれは結果論で、標準治療をしていても助かったとは限らないけどね。

彼自身はおそらく晩年の選択を後悔したかもしれない。だが、結局のところジョブズは変わり者だったからこそイノベーションを起こし、変わり者だったからこそ命を落とす運命にあったように思える。

なぜ日本で二大政党が確立されないのか

ジョブズほどの逸脱者はアメリカ社会でも少数派かもしれないが、国民全員が出る杭にならないよう足並みを揃え、同じ方向を向いて共感する日本人は他国と比べても明らかに共感に偏りすぎている国だ。

戦後の政治体制を振り返ればわかりやすいだろう。

自民党がどれだけ悪辣《あくらつ》なことをしようとも、大手メディアはそれを報道しない。バッシングしないのではなく、そもそもろくに報道をしようとしないのだ。大手マスコミのありようはすでに全体主義社会の色合いを帯びている。この危険な傾向はここ10年でますます顕著になっている。

さらに、大衆はそんなメディアにまんまとコントロールされているため、「自民党は絶対に嫌だ」と表立って言う国民はマイノリティ扱いされる空気が蔓延《まんえん》している。大衆は自民党の政策を知った上で共感しているのではなく、すでにある政党が自民党だから共感しているのである。

だからこそ、二大政党を目指して健全な議会政治を立て直そうとしても、現状はなかなかそれがかなわない。

共感力が高い社会は与党が変わらない

アメリカはもっと流動的で変化がスピーディーだ。

2024年の大統領選挙は当初はジョー・バイデンとドナルド・トランプの一騎打ちに思えたが、トランプが銃撃されるショッキングな事件が起きたあと、バイデンが選挙戦から撤退した。代わりに副大統領のカマラ・ハリスが出馬して情勢は混沌としている。自民党が常に優位を崩さない日本と比べるとずいぶんな違いだ。

なぜ日本の政治体制がこうも膠着《こうちゃく》しているのかを考えてみたが、同質性の高さ、それから戦後の民主主義教育の影響が大きな要因のように思える。

「和をもって貴《とうと》しとなす」の共感精神が長らく受け継がれてきたこの国は、コミュニティ内の同質性が極めて高く、それが同調圧力の強い社会を維持することにつながった。

また、戦後日本における民主主義教育は、敗戦の反省から平和教育を重視する内容が色濃く反映されている。

もちろん、それ自体は素晴らしい面もあるのだが、平和教育とはすなわち共感推奨教育でもある。共感の副作用やリスクを放っておいたまま、共感を善なるものとして推奨し続けた結果、権力に従順な国民が育っても何ら不思議ではない。

隷属国である限り思考力は奪われ続ける

政治のシステムもそろそろ見直す時期に来ている。太平洋戦争後における歴史の分岐点は、1951年のサンフランシスコ講和条約で旧日米安保条約に調印したことだろう。

アメリカの軍事的支援と経済援助によって日本が大きな経済成長を遂げたことは間違いない。だが、日米安全保障条約によってアメリカ軍が日本に駐留し、核の傘の下に入ったことで日本はもとから脆弱だった自律的思考を決定的に失い、アメリカの実質的な隷属国となった。

そこへ追い打ちをかけるようにバブルが崩壊して、経済成長すらも停滞した日本の国際的地位は低下の一途をたどっている。

2000年にはG7中トップだった日本の国民一人当たりのGDPは、2022年にはイタリアに抜かれて最下位に転落。日本はG7で最も貧しい国となった。

日本がアメリカの実質的な隷属国であると私が考える理由は、軍事面、経済面、政治面、カルチャーなど全方位においてアメリカへの依存が高すぎるからだ。

政治システムもそうだ。そもそも日本が小選挙区比例代表並立制を導入した目的は、アメリカの政治モデルをならって二大政党制の実現を目指すことだった。

共和党と民主党が交互に政権交代を繰り返すアメリカのように、日本でも自民党と社会党が健全な政権交代を図ることで民主主義を強化しよう——。そんな理想を掲げてスタートしたはずなのに、いざ蓋を開けたら自民党の長期独裁政権が生まれた。というよりも、これは最初から自民党が長期独裁を狙って、時の首相細川護熙《ほそかわもりひろ》と衆議院議長の土井《どい》たか子《こ》を、二大政党という夢で釣って騙したといったほうが事実に近いだろう。

真の独立国になることを諦《あきら》め、この先もアメリカの隷属国である限り、自民党の構造的腐敗は変わらないだろう。

首尾一貫はただのポーズなのか？

だが、アメリカの背中をずっと追いかけているようで、いざとなれば違う背中を追いかけていきそうなのが日本の不思議なところだ。

この道一筋、「首尾一貫」の姿勢に憧れているようなポーズを取りながらも、天皇陛下万歳からマッカーサー万歳へとあっさり対象を切り替えたように、システムのトップが変更すればコロッと態度を変えて悪びれない。軽薄な共感のようでもあり、合理的な判断のようにも見える。そんな不思議な感性を育んできたのが日本人なのである。

もしも南海トラフ巨大地震が起きて日本という国家が大打撃を受けたら、日本は自分たちを助けてくれる国（おそらくはアメリカか中国の二択だが、もしかしたらインドもあるかも）に追従していくだろう。実質上、中国の属国となる選択肢も十分にあり得る。

「共感しない能力」を鍛えて自分たちで判断する力を育て、これまで欠如していた独立性と多様性を日本人が育て直せるのが先か、それとも南海トラフ巨大地震が起きるのが先か。

さて、読者の皆さんはどうお考えだろうか。

多様なレイヤーに共感する練習をしよう

共感には「認知的共感」と「情動的共感」があることはすでに何度も述べている。その上で、日本社会を生きる私たちの課題は、認知的共感と情動的共感を正しく使い分けて情動的共感に偏り過ぎない訓練をすることだろう。

日本の共感は、他国と比べるとバリエーションが乏しい。声の大きい人が何かに共感を示すと、大勢が一気にそちら側に振れて天秤の片方が思い切り傾く。それだけでは飽き足らず、もう片方の天秤にいる側、すなわち自分たちに共感しない側を一斉にバッシングする。そんな多様性から程遠い共感の仕方をしているのである。

今であれば大谷翔平を例に考えてみればいい。今の日本では「大谷翔平が嫌いだ」と言いづらい空気、そうは言わせない同調圧力がある。「大谷翔平は野球しか知らなかったせいであんな嘘つきの通訳を頭から信じた愚か者だ」と表立って口にでもしようものなら、非国民とまではいかなくても「あなたは変わってる」くらいの冷たい反応が返ってくるだろう。

藤井《ふじい》聡太《そうた》も同じだ。将棋界に彗星のごとく現れ、史上初の八冠達成を実現した若き天才はただただ称賛すべき対象であり、ドラマチックな快進撃を見せてくれるありがたい存在とされている。才能への嫉妬心から彼の悪口を言いたい人はいても、それを聞きたいと思う人はおそらく少数派だろう。

要するに、日本はマジョリティへの共感が占めるボリュームが非常に大きいため、多様性がどうしても少なくなってしまうのだ。

もう少し共感のバリエーションを増やし、偏っているボリュームを散らして多様なレイヤーに共感する練習を積めるようになれば、個々人としても社会としても、日本は成熟していけるのではないだろうか。

公約を果たさずとも3選の小池百合子都知事

2024年の東京都知事選では現職の小池百合子《こいけゆりこ》が3選を果たした。2位の候補に120万票以上の差をつけての圧勝である。学歴詐称も黒塗りの情報開示も果たされない公約も、小池を止めることはできなかった。この事実もまた、日本の共感至上主義を証明する格好の材料だろう。

新たに掲げた公約「東京大改革3・0」のネーミングからもわかるように、小池は政策ではなくイメージを打ち出してくる政治家だ。

「待機児童対策や子育て支援をがんばっているらしい」などの漠然としたイメージしか浮かばなくても、多くの都民はそのイメージに引っ張られて小池を選んだ。

具体的な政策を比較検討し、認知的共感を働かせて候補者を選んだ有権者はおそらく少数派だろう。そうではなく、候補者のパブリックイメージや見聞きした発言に情動的共感を働かせ、なんとなくの好感度で選んだ有権者が圧倒的多数派だったとしか思えない。

タレント議員は共感を呼ぶカモ

タレント議員が選挙で受かりやすいのもこれが理由だ。新人のタレント議員に政策を期待する有権者はいない。だが、イメージで勝負するとなると、顔と名前がすでに知られているタレントは他候補よりも格段に有利になる。「優しそう」「爽やかそう」「頼りになりそう」などのポジティブ寄りな印象を有権者に抱かせることができれば、十分に勝機が生まれる。

知性を育む思考をサボったまま共感だけを膨張させると、多くの人間は共感至上主義の道へと踏み出していく。脳の部位で言えば論理的思考を用いる前頭葉が怠けるようになり、原始的な感情を司る扁桃体だけで意思決定をしてしまうのだ。

共感に引きずられる日本人の思考回路は、あらゆる選挙にも大いに影響を及ぼしている。

天皇の認知的共感

ところで、日本人が情動的共感に引きずられている一方で、同じ日本で生活していながら、その対極で共感に向き合っている特殊な存在がいる。

天皇一家、皇室である。

現在の天皇制を貫く背骨となっているのは、今上《きんじょう》天皇の高い倫理性だと私は見ている。天皇家に生まれた人々は、情動的共感という人間らしい感情をストレートに表現することを許されていない。覚悟を持って皇室に嫁《とつ》いできた女性たちも同様だ。

天皇は日本国の平和と安定の象徴であり、その品位を保つために必要な諸経費は国家予算から支出されている。そのため投資やビジネスはできないし、政治的中立性を保つために言動には慎重さが求められる。何しろ日本国の象徴なのだから、迂闊《うかつ》な発言はすぐに波紋を呼んでしまう。

そのことを重々承知しているからこそ、平成や令和の天皇は情動から最も遠く離れた場所で、自らを律していた（いる）のだろう。

令和という新しい年号が幕を開けた年の即位の儀式で、天皇は次のような挨拶を述べている。

「常に国民を思い、国民に寄り添いながら、憲法にのっとり、日本国及び日本国民統合の象徴としての責務を果たすことを誓い、国民の幸せと国の一層の発展、そして世界の平和を切に希望します」

他者（国民）に寄り添いながら責務を果たし、象徴としての自らの役割を全《まっと》うする。多くの日本人に欠けているとされる「認知的共感」の振る舞いを表明した、お手本のようなメッセージである。

王室メンバーが一般人と同様に離婚・再婚を選択できるイギリス王室のほうが、王族としての生き方は自由かもしれない。

けれども、倫理性と道徳性を具現化した天皇の振る舞いにこそ、多くの日本国民は敬意と安心感、そして情動的共感を抱いているのではないだろうか。

なぜ異民族は「野蛮人」扱いされるのか

一方で、急速なグローバル化が進み、世界のあらゆる国が「人種のるつぼ」と化している今の時代、多様性と共感を個々人と社会がどう位置づけていくべきかについても考えてみたい。

かつて古代ギリシアの人々は、異民族をバルバロイ(聞き取りにくい言葉を話す者)と呼んだ。この言葉は当初、「何を言っているのかわからない、別の言葉を話す人」という意味で他意なく使われていたが、いつの間にかそこへ「野蛮な」というニュアンスが加わることになる。

つまり、異国人の定義とは「何を言っているのかわからない人」であり、言語が通じない相手はすなわち野蛮人であるというロジックが誕生する。異民族・異国人への蔑視は「(言葉が)よくわからない」「わからないから理解できない」「理解できないから嫌悪の対象になる」という心理の流れから生まれると思われる。未知のものへのわからなさが不安を生み、不安は恐怖になり、嫌悪へと姿を変えるのだ。

共通の言語を持たなければ深い共感が生まれづらいことは事実だ。共感は相手の感情を自分のもののように感じることだが、感情を意味する言葉がそもそも通じないと、正確な感情のやり取りが困難になるからだ。

仲間よりもバルバロイに共感する練習が必要

では、同じ言語を持たないバルバロイ（異民族）、すなわち自分とは属性やバックグラウンドが異なる人間との共感や相互理解を目指すことは、さっさと諦めてしまったほうが得策だろうか？　同じ言語ですぐに共感できる同族と閉鎖的に暮らしたほうが、人間はストレスなく幸せに生きられるのだろうか？

もちろん答えは否《いな》である。それでは同じ過ちの歴史を繰り返すことになる。

生物であれ人間社会であれ、画期的なことやものは異質なものが出会って交流を持ち、共生することによってもたらされる。異質なものを取り入れずに、旧来のやり方を墨守《ぼくしゅ》している限り、画期的な変化は望めない。環境からのバイアスによって徐々に変わることはあるにしても、本質的な変化を求めるのであれば、私たちには異質な他者とのコミュニケーションが必要不可欠だ。

要するに、同胞との間では「共感しない」感性を磨き、バルバロイ（異なる属性を持つ人々）とのコミュニケーションでは「共感する」感性をあえて磨いてみるのが有効なのである。

コミュニケーションとは他者と意見を交換することによって、自他ともに別のものに変わっていくことだ。

生き延びるための交雑

生物学で考えてみるとわかりやすいかもしれない。

約21億年前に細菌（原核生物《げんかく》）同士の共生によって真核生物《しんかく》が生まれなければ、酸素濃度は上昇せず、多細胞生物も生まれず、脊椎《せきつい》動物も哺乳類も私たち人間も誕生しなかった。真核生物が生まれなかった地球では、生物はいまだに細菌しか存在しなかっただろう。細菌が突然変異と自然選択によって進化するだけでは、どんなに時間をかけても真核生物は現れないからだ。

「新しいものはすでにあるものの新しい組み合わせから生じる」というのは構造主義の重要なテーゼのひとつだが、これは真核細胞の誕生といった大事件から始まってさまざまなレベルで見受けられる。逆に、異質なものを拒絶する行動は長い目で見るとその多くが滅びへの道に至っている。

約10万年前から7万年前に、波状的にアフリカを出てユーラシアに進出したホモ・サピエンスが先住民のネアンデルタール人と交雑したことはすでに述べた。アフリカに留まったホモ・サピエンス以外のすべての現生人類は、全ゲノム中に数パーセントのネアンデルタール人のDNAを有していることからもそれは明らかだ。

ところが最近の研究によると、ホモ・サピエンスとネアンデルタール人のハイブリッドの中にはアフリカに逆戻りした人もいるようで、アフリカ人からもネアンデルタール人のDNAが検出されている。

興味深いことにアフリカ人以外のすべての現生人類は、1~5パーセント程度のネアンデルタール人由来のDNAを有していると考えられる。ということはつまり、ネアンデルタール人とまったく交雑しなかった人たちは絶滅してしまった可能性が高いということだ。

耐寒性DNAを引き継いでホモ・サピエンスは大成功した

現生人類のホモ・サピエンスがネアンデルタール人と交雑したことで引き継いだ最

も価値あるゲノム断片は、おそらく耐寒性のDNAだと考えられている。寒さに強いDNAを有していなかった人々は、ウルム氷期（約7万年前から1万年前まで続いた最終氷期）の酷寒に耐えられず、徐々に衰退してついには絶滅したのであろう。

真核生物の起源ほどにドラスティックではないにしても、ここでも異質な他者と交じり合った生物の子孫が大成功したのである。

外来生物が日本に入ってきて在来種と交雑することを遺伝子汚染と呼び、忌《い》み嫌っている人々がいるが、長い目で見ると生物種にとって交雑は生き残るための手段になる。純血を守っている種は、環境変動によって滅びる確率が高くなるからだ。

京都の鴨川《かもがわ》水系には巨大なオオサンショウウオが生息しているが、その90パーセント以上は在来種のオオサンショウウオとチュウゴクオオサンショウウオのハイブリッドであることはあまり知られていない。

50年ほど前に食用として持ち込まれたチュウゴクオオサンショウウオが逃げ出し、野生化して在来のオオサンショウウオと交雑したようだ。

ハイブリッドのほうが純血種よりも鴨川の環境に適応的だったのだろう。あと数千年も経てば、日本中のオオサンショウウオはすべてハイブリッドになるに違いない。

純血種の同胞という幻想

「共感」について考えを深めていくと、必ず「排除」に行き当たる。

一部の人々が純血を守ることになぜそれほどこだわるのか、私にはよくわからない。アーリア人の純血を守ろうと無駄な努力をしたナチスも結局滅んでしまったわけで、純血の人種というのはそもそも幻想なのだ。

もちろん純粋な日本人などはいない。日本人は、基本的には、古くにこの列島に渡ってきた人たちの子孫、いわゆる縄文人と、比較的最近に水稲農耕技術と共に大陸から渡ってきた、いわゆる弥生人の混血で、それ以外にも様々なＤＮＡが混ざったハイブリッドであり、単一の日本民族などというのは妄想なのだ。

異質なものが交わったときに新しい可能性が開けるのは、生物の進化ばかりではない。身振り手ぶりを使ったノンバーバルコミュニケーションだけでは、深い共感と相互理解はすぐには難しいが、努力をすれば共感は可能だ。私たちは同じ言語圏の相手には「即座には共感しない」トレーニングを、自分とは異なる部分を持つ相手には「意識的に共感を心がける」トレーニングをと、それぞれに使い分けて磨くことが肝要だ。そうすることによって、「排除」感情を和らげることができる。

昆虫も他者の行動から学習する

生物学の事例をもうひとつ紹介したい。

長い間、ヒトは他者の行動を見てやり方を学ぶことができる唯一の動物だと考えられていた。近年になってチンパンジーのような高等霊長類にもこういった能力があることがわかってきたが、昆虫のような無脊椎動物では他者から学ぶということはないと思われていた。

ところが、チンパンジーばかりでなく、マルハナバチにも他者の行動から学ぶ知恵があるという論文が「Nature」(21March 2024)に載っていたので紹介したい。

まず、チンパンジーの実験から。

床に置いてある木のボールを拾って、傍《そば》の引き出しを開ける。引き出しにボールを入れて閉めると、ご褒美にピーナッツが出てくるという装置をつくる。

この装置は、ボールを拾って引き出しを開け、ボールを中に入れて引き出しを閉める、という結構複雑な手順を経なければ、ご褒美がもらえない仕組みになっている。単独のチンパンジーをこの装置の前に座らせたところ、３ヵ月が過ぎてもご褒美を出す方法がわからなかった。

ところが、やり方を覚えさせたチンパンジーの隣に、やり方を知らないチンパンジーを座らせておくと、後者のチンパンジーは隣の仲間のやり方をよく観察して、その後は自分だけでもピーナッツが出せるようになったのである。


マルハナバチでもこれと似たことが起きた。

マルハナバチの女王バチは1年くらい生きるが、働きバチの寿命は30日くらいであり、複雑なことは学習できない、ましてや他のマルハナバチの行動を見て学習できるなんて誰も想像していなかった。昆虫の行動は基本的に遺伝的に定められた、生まれつきのものだと考えられていたからである。

だが、実験の結果は意外なものだった。

円盤の上に赤いタブを置き、このタブを動かすと砂糖水にアクセスできる装置をつくる。ところが赤いタブは青いタブにブロックされていて、まず青いタブを動かしてからでないと赤いタブが動かないようになっている。

この2段階の問題を解くのは難しく、マルハナバチは24日間という長期にわたって、円盤の前に置かれても解くことができなかった。24日間はほとんどマルハナバチの寿命に等しい。

ところが、手順を覚えさせたマルハナバチが操作をしているさまを、傍に置いたマルハナバチに見せておくと、この未訓練のマルハナバチは操作を覚え、簡単に砂糖水にアクセスすることができたという。

個体の試行錯誤では新たに獲得できない行動を、社会的な学習によって獲得できるということが、昆虫で実証されたのは画期的だと思われる。

これが世代を超えて継続されていけば文化になる。ニホンザルではイモ洗いという、若い個体が初めて行なった行動を群れのメンバーが真似しだして、イモ洗い文化が形成された個体群があることがわかっている。

昆虫は世代が重ならないものが多く、寿命も短いため、他個体の行動を真似ても世代を継続して伝わっていくことは難しそうだ。だが、社会性昆虫などで世代が重なるものでは、もしかしたら起こりうるのかもしれない。

第5章

共感よりも大事なもの

生成ＡＩとの間に共感は生まれるか

人類の生物としての進化と同様に、テクノロジーの進歩も今後私たちの生き方を大きく変えていくに違いない。

少子高齢化に悩まされている日本だが、最大の課題は長生きせざるをえない認知症患者の対応だと私は感じている。

日本の90歳以上の認知症有病率は、女性が71・8パーセント、男性が42・4パーセント、全体で64・2パーセントと半数以上の割合を占める。

つまり90歳を超えたら大半の人は認知症になると考えたほうがいい。90歳以上では認知症患者が多数派で、認知症ではない高齢者がマイノリティである世界はすでに現実になっている。

こうなると、生身の人間が介護する福祉制度をどう組み立てるかを考えるより、「認知症患者を介護する専用ＡＩロボット」をつくるほうが合理的ではないだろうか。

認知症ではない高齢者であっても、脳以外のどこかしらに不調がある人も多いはずだ。事故で足を切断した人が義足で暮らすように、脳がしっかりしているのであればいずれは「ブレイン・マシン・インターフェース（BMI：脳と機械を直接接続することで思考や情報を伝達して身体機能を補助する技術）」を活用することで日常生活をカバーできる範囲が広がるはずだ。思うように動かせない身体になっても、脳と接続したマシンが代わりに動かしてくれるようになる。

AIロボットと親友になれる日

では、BMIに頼れないマジョリティの認知症高齢者は、どのような未来の技術に頼れるだろう？

アンドロイド型ロボット開発のパイオニアでもあるロボット工学者の石黒浩《いしぐろひろし》は、病院の入り口にアンドロイド型ロボットを設置する実験を行ない、患者がロボットにいろいろ話しかけてくる様子を確認した。すると、ある認知症患者が「受付のところに座っている女の人が優しかった」と感想を述べたそうだ。

その認知症患者は、人間のような格好をしたアンドロイド型ロボットを「丁寧に話を聞いてくれる親切な案内人」だと認識したのである。

何度も同じことを尋ねてしまう認知症の人と、まったく同じ優しいトーンで受け答えしてくれるロボットは、考えてみれば相性がいい組み合わせだ。

ロボットやAIには憎悪がない。「共感モード」にプログラムを設定しておけば、介護ロボットとして役立つだろう。

個別の情報をインプットしてディープラーニングさせれば、「この人はどんなことに興味があるか」も学習してくれる。いずれは生成AI搭載のアンドロイド型ロボットが、「昨日は○○さんがお気に入りのサッカーチームの試合の日でしたね。結果はどうでしたか？」など、聞き手が喜びそうな質問を投げかけてくれるようになるかもしれない。時間を重ねれば重ねるほど、興味のあることで話ができるだろう。

ロボットは当然ながらアルゴリズムで動いているだけだから、同じことを繰り返してもまったく苦ではない。認知症患者は「この人は私のことを理解してくれる相手だ」と思うだろうし、それでそのロボットと友達になれたら情緒も安定するだろう。

100パーセント共感してくれる理想の親友⁉

生成AIの発展は目覚ましいが、今のハイペースで技術革新が進めば、もうすぐ高度なコミュニケーションができるヒューマノイドロボット（人型ロボット）が実用化されるはずだ。

ヒューマノイドロボットが実用化されてしばらくすれば、おそらく対応モードを設定できるようになるだろうと私は予測している。つまり、「共感モード」「傾聴モード」「ディスカッションモード」などのように、AIロボット側がどのようなスタンスで人間との会話を受け答えするか、あらかじめ設定しておけるようになるだろう。

たとえば、「共感モード」をマックス値で設定しておけば、見た目は人間に近いロボットが、あなたの意見や価値観に100パーセント共感してくれるようになる。

現実には100パーセント共感してくれる他人は絶対に存在しないが、高度に進歩したAIロボットであればそれが可能になる。しかも、相手は人間ではないのだから悪口も愚痴も文句も出てこない。どんな話にも気持ちよく相槌《あいづち》を打って聞いてくれる、最高の親友になるかもしれない。

ＡＩロボットとのコミュニケーションが日常に自然に組み込まれるようになれば、認知症であるかないかにかかわらず、「自分のことを一番理解してくれるのはＡＩだ」と思い込む人間も当然出てくるはずだ。

実際のところ、ＡＩに人間と同じようなメカニズムの共感能力はなく、表面的な対応をしているだけにすぎないのだが、それでも親身に見える受け答えで「わかるよ。その通りだね」と共感を示してくれる存在は、孤独な状況にいる人には癒しになるだろう。

老人ホームにはまず間違いなく導入されるはずだし、そのうち、老人ホームで働く生身の人間は管理者ひとりで、あとは全員がＡＩロボットで構成されるようになるかもしれない。

構図としてはイエスマンを侍《はべ》らせる権力者と同じだ。そうなるとタコツボ化してくるため、人間同士での交流はさらに難易度が高くなりそうだが、高齢化社会を支える一手段として考えれば有効だ。

ロボットが共感してくれるなら、宗教は不要か

ロボットが人間にとっての共感上手なパートナーにまで昇格すれば、宗教の存在意義は失われていくかもしれない。人類の長い歴史で宗教が必要とされてきたのは、誰もが避けられない死の恐怖をやわらげる目的が大きい。死んだら天国へ行けるし、悪いことをしたら地獄へ落ちる。そう考えることで人々は自分を律し、神という存在に救いを求めた。

幸福で満ち足りた人生を送っている人は宗教を必要としないが、そうでない人は孤独を埋めるため、救いを求めるための手段として宗教を選んでいる。とりわけ新興宗教はそれが顕著だろう。

アメリカではハイソサエティな地位を得るためには無宗教だと恥ずかしいという考え方が根強い。そのため、今のシニア世代の多くはプロテスタントやカトリックとして日曜日に教会へ行く暮らしを続けていたのだが、現代では徐々にその構図も崩れている。

イギリスの公的宗教はキリスト教（イギリス国教会）だが、現在は無宗教の人が増え

ており、国民の半数以上が教会には行かなくなったと言われている。

世界的にはイスラム教徒が増加しているためイスラム教はそのうちに世界最大の宗教になることが確実視されている。キリスト教もそうだけれども、宗教は巨大になればなるほど戒律がゆるくなってくる。その流れを受けて数十年後にはＬＧＢＴＱを認める国が増えていくと考えられる。断食月のラマダンも形式だけが残されて、日本のお盆のようになんとなくする行事になっていくかもしれない。

このような潮流の変化と並行して、宗教ではなく共感型ロボットに心の平安を求めて暮らす人たちも増えてくるはずだ。

サンクコストと共感

ところで、人間には「一度共感したものをなかなかひっくり返せない」という心理が働きやすい。とりわけ、臨機応変な対応が苦手な日本人はこの傾向が強い。これはもう身についた癖のようなもので、ありていに言えばサンクコスト（埋没費用）を切りたくないという心理、すなわち「サンクコスト効果」に振り回されているのである。

たとえば、自分が長年選挙で応援していた政党が不祥事を起こしたとしよう。ここで支持政党を否定してしまったら、これまで応援してきた自分の気持ちをどう着地させればいいのかわからなくなってしまう。

共感し、応援していた相手に注いださまざまなコストを無駄にしたくないという気持ちが、現状維持を選ばせてしまうのである。

自分がこれまでやってきたことの正当性を維持したいと考えたときに働く、慣性の法則のようなものだろう。これを断《た》ち切るためには勇気と頭の切り替えが必要になる。

共感できなくなったものは憎悪対象に

一方で、自分の意見を思い切って一度ひっくり返した結果、これまで信じていたものをひどくバッシングをする傾向があるのも日本人の特徴のように思える。

これまで信じていた宗教をやめて別の宗派に入信した人は、新しい宗教を過剰なほどに持ち上げ、以前の宗教を激しくバッシングする傾向がある。

新興宗教に入信した途端、「昔の宗教を信じていた自分はバカだった」と前の宗教を全否定して新しい宗教へ入れ込むのだ。そうすることで反動の力を働かせて、新しい思想や宗教にコミットしていこうとするのだろう。政治的な思想でも、転向者が過激になり易いのは同じ心理が働くからだ。

人間の頭が苦手なことのひとつに「フラットな視点を持つ」ことがある。もう共感しなくなった対象は憎悪するしかない、といったように、すぐに極端になる人は共感能力が高すぎるのだ。

だが、政治においてはこうしたフラットな視点を意識して持つことが大事だと個人的には思っている。

たとえば、私は山本太郎《やまもとたろう》を応援しているが、彼の主張をすべて支持しているわけではない。政治的に誰かを応援するということは、その人の主義信条や行動のすべてに賛成することではない。

政治家としての山本太郎を応援しているからといって、れいわ新選組の政策のすべてに賛成しているわけでもない。共産党へ投票したからといって、共産党の政策すべてに賛成しているわけでもない。個別の政策に投票することができないから、次善の策を取っているだけだ。

「最も悪くない候補者」へ投票するという考え方は、選挙のスタンスとして最も賢いだろう。「お前の言っていることは、ここが違う」「あの政策に関しては納得できない」と一つひとつ言い始めてしまっては、投票できる候補者も政党もなくなってしまう。共感と認知を賢く使い分けることが、有権者としての正しいあり方だ。

日本の撤退戦は現在進行形

バブルがはじけたあとに非正規雇用を増やしたのは、小泉純一郎《こいずみじゅんいちろう》内閣が竹中平蔵《たけなかへいぞう》と共に進めた「構造改革」が始まりだった。あのとき、本来であれば政府が「従業員が○人以上の企業は正社員を7割以上雇用する」などの法律をつくるべきだったのだ。だが、逆の方向へと向かった結果、多くの企業の業績は悪化し、雇用は不安定になって経済が衰退する結果を招いた。

規制緩和とビジネス環境の改善、人材育成、社会保障の見直し、少子化対策など、日本経済を立て直すためにさまざまなアプローチが提案されているが、私は「人口が減少しても成り立つ社会」を目指すべきだと思っている。

地方には驚くほど多くの「消滅可能性都市」があり、もはや人口減少は避けられない既定路線だ。それならば、皆で協力して人口が減っても回るまちづくりを目指していくしかない。

将来的にはAIやロボットによる労働力不足の解消とベーシック・インカム（すべての国民に無条件で同額の現金を支給するシステム）の導入が最も有効だと考えている。直近の労働力不足は、外国人労働者の受け入れで解消しようと政権は考えているようだが、長期的に見るとこれは危険な政策である。外国人労働者を大量に受け入れた結果、さまざまなトラブルが発生しているEUの轍《てつ》を踏まないためにも、受け入れには慎重であるべきだ。もっとも円安と世界インフレが進んでいる現在、日本にやってくる旨味は以前よりも少なくなっているため、日本はすでに選ばれる国から除外されつつある事実は知っておいたほうがいい。

一方で、あと20年も経てばAIの開発がさらに進み、人間の代わりにロボットが働いてくれるようになるだろう。セルフレジの急速な普及を見ていれば、人間の労働力が必要なくなっていく流れは肌でも理解できるだろう。5人いた従業員が2人で事足りる、という形の組織が増えるはずだ。

そうなると問題は失業者の増加である。失業者が増えると貧困率が高くなり、社会全体に不安が蔓延して犯罪率も上昇する傾向にある。それを防ぐためには、ベーシック・インカムしかない。そして、ベーシック・インカムを導入するのであれば、人口が少ないほうが予算も少なくて済むのだから有利に決まっている。

コンパクトな国ではベーシック・インカムは実行しやすい

コンパクトな国ではベーシック・インカムは実行しやすい。日本の人口は現在約1億2000万人だが、半分の約6000万人になると仮定すればずいぶんと負担は楽になるだろう。人口を現状より増やそうとする政策は愚かとしか思えない。

人口が多いほうが国力が高いと思っている為政者が多いためか、先進国はどこも人口を増やそうと試行錯誤しているが、どれだけ少子化対策を頑張っても成果を出せない国のほうが圧倒的に多い。唯一、出生率を向上させたのはフランスだ。

フランスでは1993年に合計特殊出生率が1・66まで低下したが、2006年には2・03に上昇している。2015年以降は再び低下しているが、それでも2023年は1・68をマークしている。同年の日本の合計特殊出生率が1・20であることを考えれば、十分に高い数字である。ちなみに同じく2023年の韓国の合計特殊出生率は0・72であるから、韓国の少子化は加速度的に進むだろう。

合計特殊出生率が2以上にならないと人口維持ができないが、それでも人口が0になることはまずありえない。

一方で、生涯独身の人が増えると、家族や同郷といったこれまで共感で成り立ってきた共同体意識はどんどん消失していく。それを補うかのように、今後は思想や属性で共感するコミュニティ、顔が見えなくてもネット上でつながるコミュニティが増えていくだろう。

物理的制約がないぶん共同体としての強度は脆《もろ》くなっていくことは避けられないが、それでも弱いつながりを複数掛け持ちするなどで共同体意識はある程度保たれるだろう。

独身でも子どもが持てる未来を

また、「結婚はしたくないが子どもは欲しい」と考える人が世の中には一定数いる。条件さえ整えば、独身で子どもをつくってもまったく問題がないはずだ。地方自治体が育児支援に力を入れているが、結婚しても子どもは育てたくないというカップルも増えてきているので、結婚は必ずしも少子化阻止には結びつかない。少子化を防ぎたいなら、まずは自ら子どものいる人生を望む人たちが子どもを産み、育てられる環境を整えるほうが先だろう。

フランスでは、結婚を予定していない独身女性でも、子どもが欲しければ精子提供が受けられる。国の公的機関が精子・卵子バンクを運営しているため、そこから精子提供を受けられるのだ。

日本では法律婚の夫婦への支援に偏っているが、それ以外の人々への子育て支援もそろそろ本格的に注力しなければ、少子化対策は画餅《がべい》に帰すだろう。とはいえ、結婚も出産も本来個人の自由であるべき選択だ。「みんな結婚して子どもを産もう！」というイデオロギーはもはや破綻している。

最近は日本でも子どもを持つ選択をした同性婚カップルが増えている。女性同士のカップルは精子さえ手に入ればどちらかが子どもを産むことができる。SNSでは交替で出産しているレズビアンカップルが情報発信しているくらいだ。

しかし、「産まない性」である男性同士のカップルの場合は事情が異なる。自分と血のつながった子どもにこだわると代理母出産を選ぶ必要があるが、そうすると貧困女性の搾取という新たな問題が派生してくるからだ。

豚の子宮で人間が育つ未来は来るか？

テクノロジーが進化すれば、いずれは人工子宮をつくって子どもを産む世界がやってくるだろう。すでにその分野の研究は進んでいる。人間と臓器のサイズが似ているミニブタをつくり、この豚の遺伝子を操作して拒否反応を少なくした豚の心臓を人間に移植する研究が始まっている。

免疫的に人間に近い豚をつくれば、そのうち豚の子宮を使って人間の子どもを育てることもできるかもしれない。そうすると、女性は自分のお腹を痛めずとも子どもを持てるようになるので、身体的負担も少しは楽になるだろう。

しかし、「豚に産んでもらった子どもを自分の子と思えるか」はまた別問題だし、情緒的な抵抗感は大きいかもしれない。

一度、ＳＮＳかメルマガにこの話を書いたことがある。「私の遺伝的母親は人間だが、私を産んでくれた母親は豚でした。私の遺伝的な母親は私が生まれたあと、私を産んでくれた母親を食べてしまいました」と書いたけれど、冗談と思われたのか、余りバッシングはされなかったな。

だが、情緒的な抵抗感は慣れで乗り越えられる部分も大きいので、テクノロジーの進歩次第でありえなくもない未来だろう。

感情に訴える言葉に共感しない能力を磨く

民主主義がポピュリズムに席巻されて以来、政治家は理路整然と政策を説くより、いかに有権者の感情に訴えて選挙に勝つかに腐心するようになった。政権を掌握したい野党が、感情に訴えて票を取りたいのは昔からの常套《じょうとう》手段である。だが、政権与党までも同じようなことをやりだすと、国は傾く。国の政策の成否を決めるのは一時の感情ではなく、理性的な判断だからだ。

ところで、感情に訴えて世論を味方につけるためには、時のマジョリティの好悪（いわゆる時代の風）をつかむ必要がある。もちろん、時代時代の政治情勢や社会情勢によってマジョリティの好悪は変遷するが、いつの時代でも通用する一般的なパターンが3つある。

共感でつながるパトリオティズムとナショナリズム

第一はナショナリズムに訴えるものである。ホモ・サピエンスは誕生以来、農耕文明を始める前まで、100人程度の小集団で生活しており、その後も集団生活を手放さなかった。そのため、自分の属する集団に対する帰属意識は極めて強い。これはパトリオティズム（愛郷心）と言われ、多くの人が持っている感情である。

高校野球で自分の出身県の高校を応援する、箱根《はこね》駅伝で自分の母校を応援する、オリンピックで自分の国の選手を応援する。すべて共感に基づく親近感、パトリオティズムのなせる業《わざ》である。

ただ、例外的にパトリオティズムの感情が薄い人はいる。私がまさにそれで、応援するスポーツ選手や力士や将棋指しの出自を気にしたことはほとんどない。

素朴なパトリオティズムは自分の属する集団を愛するけれども、自分たちの文化や価値観を他者（や他の集団）に押し付けることはしない。

それに対して、ナショナリズムはパトリオティズムを母体にしているとはいえ、自己の属する集団の優位性をことさら強調してくる。歴史を鑑《かんが》みると、戦争中や国が落ち目のときは、パトリオティズムはナショナリズムに転化しやすい。

従って、戦争を始めようとするときや国の基礎体力が弱まったときは、政権への求心力を高めるための常套手段として、時の権力者やそのフォロワーたちはナショナリズムに訴えることが増える。

仮想敵国をつくって対立を煽ったり、自国の文化や伝統が他国よりはるかに優れているといったプロパガンダを行なったり、これに反対する自国民をバッシングしたりして権力を維持しようとするのだ。

「日本すごい」は「日本すごくない」

じつはナショナリズムの核にあるのは、パトリオティズムと劣等感である。そのため、自国が強い立場にいるときは、ナショナリズムはあまり前面には出てこない。日本が経済大国であった時代を記憶している人は思い出してほしい。わざわざ「日本すごい！」などとアピールするテレビ番組はどこにも見当たらなかったはずだ。

権力者やそのフォロワーたちが「日本すごい」と言い始めたということは、もはや「日本はすごくない」ことの何よりの証拠だ。

それを踏まえた上で、私たちは偏狭《へんきょう》なナショナリズムに共感しない能力を磨いていくしかない。どこの国もグローバル・キャピタリズムに席巻されて貧富の格差が拡大すると、経済的な弱者の怨嗟《えんさ》はますます大きくなってくるに違いない。弱体化した国家では、ナショナリズムを煽る排外主義的な政権が誕生する可能性が高まるだろう。

「人為的温暖化説」を信じてしまう理由

マジョリティの好悪をつかむ第二の方法は、環境、健康、安全に資すると一般に広く信じられていることに反対する人をバッシングすることだ。

最も成功したのは、人為的地球温暖化説であろう。人為的温暖化とは、人間の活動が地球の気候変動に大きな影響を与えているという考え方だ。過去にさまざまな媒体で何度も書いてきたが、人為的地球温暖化説を支持するエビデンスは乏しく、気候変動は自然現象であることを示唆するエビデンスは大量にある。だが、一度でも「地球温暖化は人為的なものである」と信じてしまった人たちの頭の中をひっくり返すのは至難の業である。

温暖化を止めなければホッキョクグマが絶滅してしまうとか、私たちの子孫も灼《しゃく》熱《ねつ》地獄に苛《さいな》まれるとかいった話は人々の恐怖を煽る。恐怖を煽られた人々は、メリット・デメリットを検討することなく、温暖化を遅らせるために二酸化炭素の排出を制限すべきという政策に、いとも簡単に賛成してしまう。

これに反対するのは地球環境も子孫の幸福も考えない身勝手な人々だというプロパガンダは、善良な人々の心を捉えるだろう。ほとんどの人はそこで思考をストップしてしまい、自分は正義のために尽力しているとの感情に支配されてしまう。山本太郎でさえ、最終的には自然エネルギー100パーセントになるのが理想だと言っているくらいだから、何をか言わんやだな。

子宮頸《けい》がんの予防のために開発されたHPV（ヒトパピローマウイルス）ワクチン投与問題も似たような話である。性的接触を行なう年齢になる前にこのワクチンを投与すれば、女性の子宮頸がんの罹患《りかん》率を大幅に下げられることはデータではっきりしている。

だが、このワクチンを投与されると、慢性の痛みや運動機能の低下が起こるという話が人口に膾炙《かいしゃ》して（実際には、投与されてもされなくても、そのような症状を訴える思春期の女性は存在しており、投与群と非投与群に有意な差はない）、日本では長い間、ワクチンの投与は実質的に進まなかった。

この事例で儲かった企業はないが、将来の子宮頸がんのリスクを抱えて損をした女性は大勢いる。「ワクチンは危ない」という健康に関する恐怖感情が、理性を抑えて跋扈《ばっこ》した例である。ついでに言えば、新型コロナウイルスに対するmRNAワクチンは相当危険だ。

副作用がない薬はない

また、「健康」にとりわけ騙されやすいのは言わずもがな高齢者である。「これをやると健康を損ねる」「こっちのほうが身体にいい」などと世間やメディアはさまざまな方法、とりわけサプリや食べ物を勧めてくるが、ほとんどは毒にも薬にもならないものばかりだ。

そもそも、効く薬には必ず副作用がある。副作用がない薬は効かないのが当たり前なのだということを前提として理解しておくことが大事だろう。

「副作用のない薬は効かない」という考え方は、じつはいろいろなことに通じている。何かを成し遂げようとしたら必ずプラスとマイナスが生じる。だが、たいていはプラスの面しか見ないから判断を誤ってしまうのだ。国や行政は「この政策にはこのような効果が見込まれる」と宣言するが、そこには必ずマイナスの作用もあるはずだ。

五輪招致などがいい例だろう。開催のメリットはいくらでも語るが、デメリットは何かと聞いても決して答えず、そのくせ一度プロジェクトが始まると予算は青天井になるのが普通だ。大阪万博もその例にもれない。先述のｍＲＮＡワクチンもデメリットのほうが大きそうだ。

不幸の責任者をバッシングする

マジョリティの感情をつかむ第三の方法は、マジョリティと同じくらいの生活水準である（と思われる）人が、理不尽な人為的原因で不幸になったときに、その原因をつくった人をバッシングすることである。

たとえば、平穏に暮らしていた一市民が交通事故で死亡した場合、加害者は故意でなくとも悪魔のごとくバッシングされることがある。

ところが、ホームレスが殺されても、マスコミはそれほど執拗《しつよう》に報道しないし、共感を示す人の声も少ない。マジョリティはホームレスの不幸に心を寄せることがほとんどないため、メディアとしても大々的に取り上げても売り上げにつながらないからである。

同じことは外国人労働者に対しても当てはまる。排外主義的なナショナリズムの感情が加わると、外国人労働者を奴隷のようにこき使ったブラック企業を責めずに、マイノリティである外国人労働者をバッシングするという倒錯的なことが起こる。これも日本のマジョリティは決して外国人労働者にならないからである。

マジョリティ側に立つ人間は、自分たちは決してそうはならない（と思っている）マイノリティ側に対しては、その人たちの不幸をつくったのが、たとえ人為的なものであっても、あまり感情が動かないのだ。

過去にタバコがバッシングされたのは、喫煙者がマイノリティに転落したからである。反対に飲酒がバッシングを受けないのは、酒飲みがいまだにマジョリティだからだろう。

ポピュリズムの危険性を知る

いずれにしても、どこの国の権力者も鵜《う》の目鷹《たか》の目でどうすればマジョリティの感情をつかめるかを常に考えているはずだ。ときには手段を選ばずに、セコいペテンを仕掛けてくることもあるから、国民は常に政府を監視しなければならない。

ペテンに対抗するためには、好悪に訴える感情的言説に共感しないことが何よりも大切だ。一人ひとりがそれを実践すれば、ポピュリズムに支配された政治を立て直す力になるに違いない。

繰り返しになるが共感に振り回されないために一番大事なことは、あまり感動しないことだ。すぐに感動してエモーショナルな言動に引っ張られると、たいがいは判断を見誤ってしまう。感動は共感と相性がいいため、すぐに結びつく。そうならないためには、一定の猜疑心《さいぎしん》を持つことだ。

世間がはやし立てることや、世間で流行していることに安易に乗っからない。「裏があるんじゃないか」と疑って、まずは考えて調べてみる。

つまり、ひと手間を加えるわけだ。自力でひと手間を加える作業は、地道でつまらない。言いたくないが、陰謀論に乗っかって無責任に世間を煽っているほうがずっと気が楽だろう。だが自分に嘘をつかず誠実に生きたいのであれば、どちらを選ぶべきかは自明の理だ。

国が守ってくれなくなる未来が来る

人々の移動が盛んになって共同体のルールが緩くなると、人口は減少し、つながりも緩やかになる。それによって個人の自由が生まれるメリットが生じるが、裏返せば国や自治体が個を守ってくれない時代に突入しているということでもある。

つまり、自衛が求められている時代になっていることを、私たちは念頭に置くべきだろう。時代の流行に必死に忖度《そんたく》しても、状況が変われば後悔が残る。自分で考えることを面倒がって他人の言うことばかりに頷いてしまう「共感バカ」の自覚がある人は、今から思考と意思決定の練習をしておいたほうがいい。

震災や災害が続く最近の日本では、再び絆や愛国心が強調されると同時に、異質な他者を攻撃する言動が愚かな自民党政権のもとで跋扈している。

エネルギー自給率も食糧自給率も低い日本にとって、他国を敵とみなして蔑んだり、敵意を煽ったりすることはデメリットにしかならない。食糧自給率38パーセントの日本は、他国が食糧を売ってくれなくなったら、国民の大半は飢餓に直面するだろう。

そして最大の問題は、他者への憎悪をたぎらせるのが決して一部のイデオローグではなく、共感と同調に喜びを見い出している善良な市井の人々であることが多い点だ。

酷い同調圧力の主役は常に善良な市民

「戦う哲学者」として著名な中島義道は、『差別感情の哲学』（講談社）でそのような善良な人々を次のように表現している。

魔女裁判で賛美歌を歌いながら「魔女」に薪《たきぎ》を投じた人々、ヒトラー政権下で歓喜に酔いしれてユダヤ人絶滅演説を聞いた人々、彼らは極悪人ではなかった。むしろ驚くほど普通の人々であった。つまり、「自己批判精神」と「繊細な精神」を徹底的に欠いた「善良な市民」であった。

困ったことに、日本は今まさにこの道に踏み込もうとしている。自分たちの価値観と異なる人々は、排除されてしかるべきだ。そう信じることで、燃えさかる炎に薪を投じる理由が正当化される。

同調や共感は人間の生得的な行動であり、その原型となっているのは母子のコミュニケーションである。母親は赤ん坊に惜しみなく愛を与え、赤ん坊は母親を無条件に信頼する。

ここには同調と共感があり、脳神経のミラーニューロンがこの交流を司っている。ミラーニューロンの働きによって、私たちの間には共感と同調が生まれる。

他者に共感し、同調して行動するとき、心が高揚して喜びを感じるのは、社会生活をする高等な類人猿特有の性質なのであろう。かつて狩猟採集生活をしたり、農耕を始めたりしてからも、来襲する敵に対して人々は力を結集して戦わなければ生き残れなかった。その時代において、共感と同調は極めて適応的であったはずだ。

しかし同時に、この性質は同調しない他者を排斥《はいせき》する圧力としても強烈に作用したに違いない。厄介なことに共感やそこから生まれる愛が深くなるほど、排斥や憎しみも深くなる。愛と憎しみをコントロールする場所は、極めて近いところにあるため極端な感情が生まれやすいのだ。

生き延びるための同調と共感、そして同調せざる者に対する憎悪と排斥。このアンビバレントな感情が私たちの社会を複雑化させているのだ。

異文化理解の弱点

一方で、自分たちとは異なる宗教や思想や習慣を理解することで、異質な他者に少しでも共感を示し、対立をなくそうと考える人たちもいる。

異文化を理解することによって紛争を避けようと努力することは、もちろん悪いことではない。イスラム過激派組織・イスラム国のテロに世界が震撼した時期には、イスラム教の教義に対する関心の高まりを受けて国内のイスラム寺院の見学者が増加したと聞いた。

本来のイスラム教はイスラム国のような非道な行ないは認めていないと理解する人が増え、イスラム教徒に対する誹謗《ひぼう》・中傷が減るとしたら、それらの行動は有意義な価値があっただろう。

ただし、異文化理解にも問題がないわけではない。なぜなら理解を試みるも最終的に「理解できない」となったときに、「それならば排除してもいい」という話になりかねないからである。

世界にはさまざまな人がいて、すべての人の思想、宗教、趣味、嗜好等を理解することは不可能である。どうしても自分には理解できない習慣や趣味、考え方はどんな人にもある。

ＬＧＢＴＱの性的マイノリティは今や社会的に広く認知されているが、マジョリティ側には「でも自分は同性が好きな気持ちがまったくわからない」「男の身体で生まれたのに女になりたいってどんな気持ち？」と疑問を感じている人もいるだろう。

しかし、理解できないからといって、憎悪・誹謗・中傷するのは明らかに間違っている。理解しようとする姿勢は大切だが、理解できなくてもいいのだ。他者の恣意性の権利を侵害しない限り、何をしても自由なのだということを認めさえすればいいのである。

ただし、恣意性の権利は、能動的なものに限られる。ここが重要なのだ。

マイノリティの中の一部の人たちは、「自分たちのことをきちんと理解してくれ」

と執拗に強要してくることもあるだろう。

だが、自分のことさえ十分に理解できているとは限らないのに、他人のことを理解できるわけがない。理解の強要は一歩間違えると攻撃にもなりうるので注意が必要だ。


理解も共感もいらない、異質な他者を認めよう

多様性を受け入れるということは、多様性のすべてに共感することではない。理解できなくても共感できなくてもいい。ただ、平静に「そういうものなのだな」と受け入れ、異質な他者として相手を認める。それが共感との上手な付き合い方だと私は思っているし、いつまで経ってもそうできない社会は戦争の悲劇を幾度も繰り返し続けるだろう。

「君子の交わりは淡《あわ》きこと水のごとし」ということわざがある。立派な人物の交際は淡白《たんぱく》であるが、その友情はいつまでも変わらないという意味だ。友情も愛情も、いっときは燃え上がる時期があっても楽しいが、これくらいのおおらかさといい加減さがあったほうが、長い目で見るといい関係性を築けるだろう。

誰かに何かをしてあげることは長期的に見て見返りを期待する行動であるという考え方を、生物学では「互恵的利他主義」という。簡単に言えば、「情けは人のためならず」ということである。

マイノリティへの対応も認知的共感に基づいたこの互恵的利他主義の精神と同じでいい。今は健康であっても、交通事故に遭《あ》っていつ不自由な体になるかわからない。明日から障害者になるかもしれない。そのときに障害者にとって優しい社会であったほうが、あなたにとっても都合がいいはずだ。

この先、世界はますます混沌としていくだろう。

2024年の夏には南海《なんかい》トラフ巨大地震が発生する可能性が高まったとして気象庁が初の臨時情報（巨大地震注意）を発表した。現実に南海トラフ巨大地震が起きれば、日本国内では約32万人もの死者が想定されている。度重なる豪雨や記録的な猛暑、富《ふ》士山《じさん》の噴火の危険性など、日本に生きている限りは自然の危機に翻弄《ほんろう》され続ける覚悟が必要だ。

自然災害だけではない。そもそも政治的にもずっと日本は亡国の危機を迎えているようなものだ。政権与党の自民党は政治資金パーティーをめぐる裏金問題で、自民党の腐敗体質がいかに深刻なものかをあらわにした。国民の政治不信は慢性化していると言われて久しいが、正しくは政治不信というより自民党不信だろう。

そうした政権のあり方に「そういうものだ」と理解を示して迎合しているうちは、政治構造は変わらない。

共感と排除は表裏一体の感情である。だからこそ、他人に「共感しない」能力を磨くことが未来の人類を救う方途になるのかもしれない。そうした試みは人間本来の性質に逆行するため、簡単ではないだろうけれどね。

それでも、今こそ一人ひとりが共感バカの現状から脱して、孤立を恐れず、無闇に「共感しない能力」を鍛えていってほしいと切に願う。

切りとり線

★読者のみなさまにお願い

この本をお読みになって、どんな感想をお持ちでしょうか。祥伝社のホームページから書評をお送りいただけたら、ありがたく存じます。今後の企画の参考にさせていただきます。また、次ページの原稿用紙を切り取り、左記まで郵送していただいても結構です。

お寄せいただいた書評は、ご了解のうえ新聞・雑誌などを通じて紹介させていただくこともあります。採用の場合は、特製図書カードを差しあげます。

なお、ご記入いただいたお名前、ご住所、ご連絡先等は、書評紹介の事前了解、謝礼のお届け以外の目的で利用することはありません。また、それらの情報を6カ月を越えて保管することもありません。

〒101－8701（お手紙は郵便番号だけで届きます）
祥伝社　新書編集部
電話03（3265）2310
祥伝社ブックレビュー　www.shodensha.co.jp/bookreview

★本書の購買動機（媒体名、あるいは○をつけてください）

＿＿＿＿新聞の広告を見て	＿＿＿＿誌の広告を見て	＿＿＿＿の書評を見て	＿＿＿＿の Web を見て	書店で見かけて	知人のすすめで

★100字書評……共感バカ

名前

住所

年齢

職業

池田清彦　いけだ・きよひこ

1947年、東京都生まれ。生物学者、評論家、理学博士。東京教育大学理学部生物学科卒業、東京都立大学大学院理学研究科博士課程生物学専攻単位取得満期退学。山梨大学教育人間科学部教授、早稲田大学国際教養学部教授を経て、山梨大学名誉教授、早稲田大学名誉教授、TAKAO 599 MUSEUM 名誉館長。『構造主義進化論入門』（講談社学術文庫）、『環境問題のウソ』（ちくまプリマー新書）、『「現代優生学」の脅威』（インターナショナル新書）、『本当のことを言ってはいけない』（角川新書）、『SDGsの大嘘』（宝島社新書）、『自己家畜化する日本人』（祥伝社新書）など著書多数。メルマガ「池田清彦のやせ我慢日記」、VoicyとYouTubeで「池田清彦の森羅万象」を配信中。

共感《きょうかん》バカ

池田清彦《いけだきよひこ》

2024年10月10日　初版第1刷発行
2024年11月10日　　　第2刷発行

発行者……………辻 浩明
発行所……………祥伝社しょうでんしゃ
〒101-8701　東京都千代田区神田神保町3-3
電話　03(3265)2081(販売)
電話　03(3265)2310(編集)
電話　03(3265)3622(製作)
ホームページ　www.shodensha.co.jp

装丁者……………盛川和洋
印刷所……………萩原印刷
製本所……………ナショナル製本

Printed in Japan　ISBN978-4-396-11704-7　C0236